# PETIT GUIDE ILLUSTRÉ

AU

# Musée Guimet

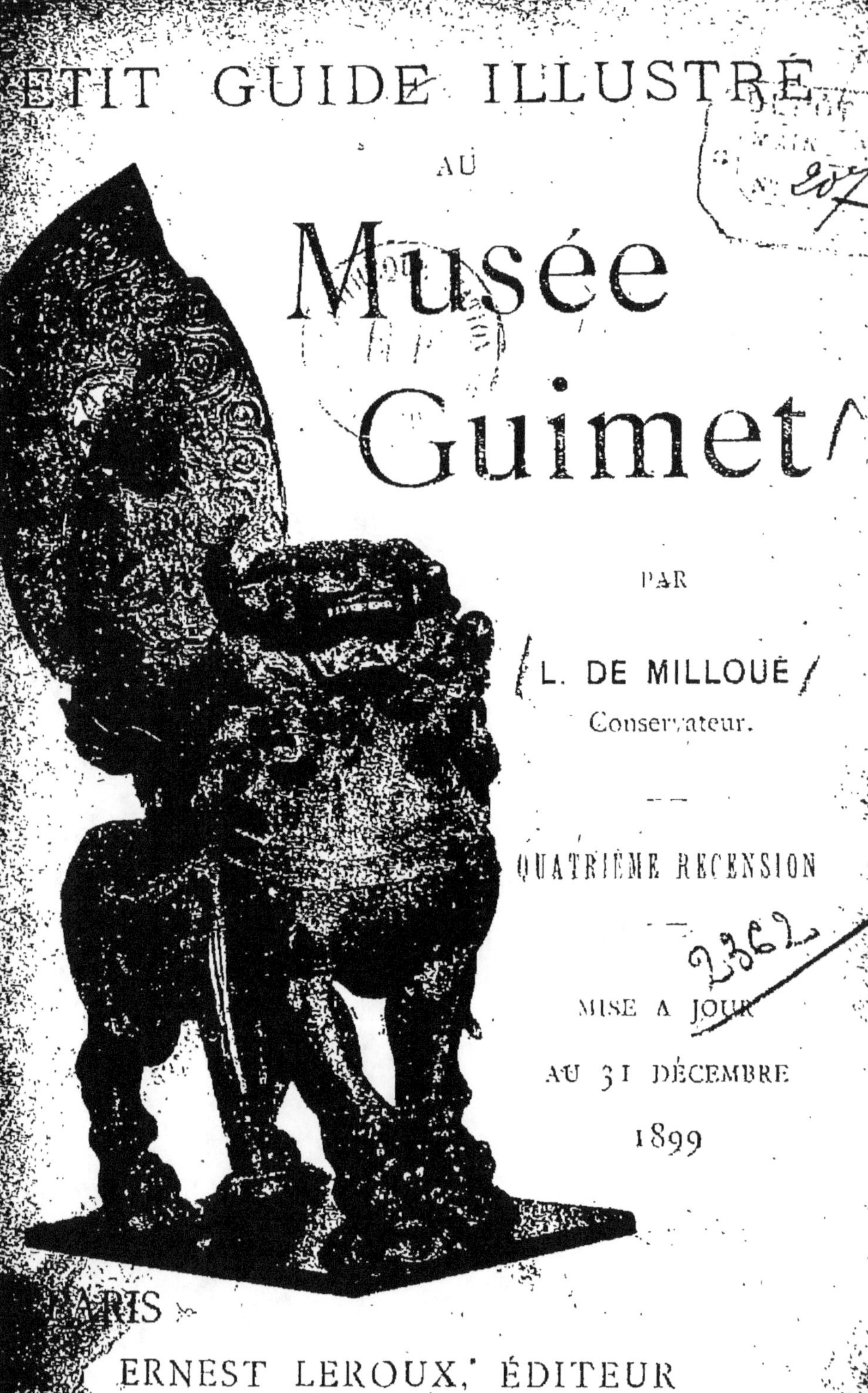

PAR

L. DE MILLOUÉ

Conservateur.

—

QUATRIÈME RECENSION

MISE A JOUR

AU 31 DÉCEMBRE

1899

PARIS

ERNEST LEROUX, ÉDITEUR

28, RUE BONAPARTE, 28

# ·PETIT GUIDE ILLUSTRÉ

au

# MUSÉE GUIMET

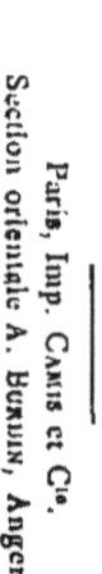

Paris, Imp. Canis et Cie.
Section orientale A. Burdin, Angers.

MUSÉE GUIMET

# PETIT
# GUIDE ILLUSTRÉ

## AU

# MUSÉE GUIMET

PAR

## L. DE MILLOUÉ
CONSERVATEUR

## QUATRIÈME RECENSION
MISE A JOUR AU 31 DÉCEMBRE 1899

## PARIS
### ERNEST LEROUX, ÉDITEUR
28, RUE BONAPARTE, 28

—

1900

AMIDA NIORAÏ

Bois doré japonais du XVIIᵉ siècle.

Le Musée est ouvert tous les jours sauf le Lundi :

Du 1ᵉʳ Octobre au 31 Mars, de midi à 4 heures ;

Du 1ᵉʳ Avril au 30 Septembre, de midi à 5 heures.

La Bibliothèque est ouverte aux mêmes heures les mardi, mercredi, jeudi, vendredi et samedi. Des *Cartes de travail* sont délivrées par le Conservateur, sur demande écrite.

Le Musée Guimet, fondé à Lyon, en 1879, par M. Émile Guimet, au retour de la mission scientifique que lui avait confiée le Ministre de l'Instruction publique pour étudier les Religions de l'Extrême-Orient, a été transféré à Paris, en 1888, en exécution de la loi du 7 août 1885 ratifiant la cession qu'en avait faite M. Guimet à l'État et le classant au nombre des Institutions Nationales. Il doit servir à propager la connaissance des civilisations de l'Orient et de l'antiquité classique, à faciliter les études religieuses, artistiques et historiques, au moyen des images et livres sacrés, des objets de culte et des œuvres d'art qui composent ses collections ; mais l'Histoire des Religions, but primitif de sa fondation, reste son objectif principal.

Un musée des Religions devant être avant tout une collection d'idées, nous nous sommes surtout attachés à présenter un classement méthodique rigoureux, une démonstration claire. Prenant chaque peuple en particulier, nous avons classé ses religions d'après l'ordre chronologique de leur apparition et en les subdivisant en leurs différentes sectes ou écoles, toutes les fois que la précision de nos renseignements nous l'a permis. Dans chacune de ces subdivisions, nous avons groupé les diverses représentations d'une divinité, de façon à bien faire ressortir les modifications que le temps ou le progrès des idées a apportées soit dans ses traits caractéristiques, sa forme et son attitude, soit dans ses attributs et son sens mythique. Chaque fois que cela a été possible, nous avons mis en relief dans nos vitrines les pièces les plus remarquables par leur rareté, leur antiquité, leur perfection artistique ou par leur matière.

Le Musée se compose de quatre corps de bâtiments à trois étages, avec sous-sol, et d'une tour ronde spécialement affectée à la Bibliothèque (voir le plan général).

Au rez-de-chaussée, deux galeries renferment une collection de céramique chinoise et japonaise réunie surtout au point de vue artistique et industriel, et classée : pour la Chine, par procédés de fabrication, par ordre de succession des découvertes des diverses couleurs, et chronologiquement ; pour le Japon, d'après la situation géographique des lieux de production.

Une troisième galerie, prenant jour sur la cour, contient des monuments originaux et des moulages provenant des anciennes capitales du Siam et du célèbre temple d'Angkhor, et se relie, par une petite galerie servant de salle de conférences, à la Galerie de Céramique japonaise.

Le premier étage comprend :

1º La BIBLIOTHÈQUE, riche de 24.000 volumes, et une salle de travail mise à la disposition des lecteurs. Ils y trouveront deux catalogues : l'un d'après l'ordre alphabétique des noms d'auteurs, l'autre par ordre méthodique et géographique à la fois, qui leur fourniront l'indication de tous les travaux relatifs aux religions, superstitions, légendes, contes populaires, à l'histoire, la géographie, l'ethnologie, la philosophie et l'art, parus soit en volumes soit dans les divers périodiques et les publications des Sociétés savantes de France et de l'étranger ;

2º La SALLE Nº 7, consacrée au Culte du Feu chez les Guèbres ou Parsis ;

3º La GALERIE D'IÉNA, divisée en cinq salles, renfermant les objets relatifs aux religions de l'Inde, du Tibet et de la Chine :

4° *Une* GALERIE SUR COUR, *formant six salles affectées aux religions du Cambodge, de la Birmanie, du Siam, de l'Annam, du Tonkin, de la Sibérie, et à la religion populaire de la province chinoise du Fou khien ;*

5° *La* GALERIE BOISSIÈRE, *divisée en six salles occupées par les religions et l'histoire du Japon ;*

6° *Une petite* GALERIE SUR COUR, *partagée en deux salles exclusivement consacrées à l'art japonais.*

*Au second étage se trouvent :*

1° *Dans la tour, au-dessus de la Bibliothèque, la collection des tableaux peints par M. Félix Régamey, attaché à la mission scientifique de M. Guimet ;*

2° GALERIE BOISSIÈRE, *divisée en quatre salles réservées à la religion de l'Égypte ancienne ;*

3° GALERIE D'IÉNA, *consacrée à la peinture, aux estampes et aux illustrations japonaises, aux antiquités de l'Italie et de la Grèce ;*

4° GALERIE SUR COUR. *divisée en six salles renfermant des monuments de la Grèce archaïque, de la Gaule, de l'Asie centrale et occidentale, de la Cappadoce, des spécimens de l'art musulman de ces régions et une collection très importante d'objets coréens.*

*Ce n'est qu'un simple* Guide *à travers les col-*

lections que nous offrons ici. Nous nous sommes donc bornés à esquisser sommairement les grands traits des Religions représentées au Musée, en indiquant seulement les pièces principales de chaque vitrine, et, comme ce petit ouvrage s'adresse plutôt au grand public qu'aux savants, nous avons pris le parti d'orthographier les noms et termes orientaux d'après leur prononciation en français, en les faisant suivre de leur orthographe scientifique.

Enfin, pour donner satisfaction à de nombreuses réclamations nous avons réuni au commencement de ce volume les notices sommaires sur les diverses religions représentées au Musée que, dans les éditions précédentes, nous avions cru bien faire de placer en tête de la section consacrée à chacune d'elles.

Nous devons de sincères remerciements à nos dévoués collaborateurs, MM. Paul Regnaud, Panditiléké, Lewis de Sylva, E. S. W. Sénâthit-rdja, pour l'Inde ; le Lharamba Tsanit Khanpo-Lama Agouan Dordji, pour le Tibet ; — J.-J. M de Groot, Terrien de Lacouperie, Tchengken, pour la Chine ; — Y. Ymaizoumi, M. A. Tomi-i, Yamata, Harada, Matsounami, Kawamoura, Horiou Toki, pour le Japon ; — Hong-Tjong-ou, pour la Corée ; — E. Lefébure,

*V. Loret, E. Amélineau, A. Gayet pour l'Égypte ; — E. Deshayes, conservateur-adjoint du Musée, pour la céramique et l'art de la Chine et du Japon ; — et Félix Régamey, pour une partie des dessins qui illustrent ce volume.*

L.   M.

AMIDA HOSSÏN-SEPPÔ-ÏN
Bois doré japonais du XVIᵉ siècle.

# APERÇU SOMMAIRE

# DES RELIGIONS

## REPRÉSENTÉES AU MUSÉE GUIMET

## RELIGIONS DE L'INDE

L'Inde possède trois religions indigènes : le *Brâh-manisme*, le *Djainisme* et le *Bouddhisme*. Les deux premières subsistent encore. Le Bouddhisme, expulsé de l'Inde proprement dite vers le xɪᵉ siècle de notre ère, n'y a plus de fidèles que dans l'île de Ceylan, mais il s'est maintenu en partie au Kachemire et constitue encore la religion dominante du Boutan, du Népâl et de Sikkhim, contrées qui font géographiquement partie de l'Inde.

Le Brâhmanisme a passé par trois formes succes-

sives : *Védisme, Brâhmanisme propre* et *Brâhmanisme
sectaire* ou *Indouisme*.

Le Védisme, ainsi nommé à cause de ses livres *Védisme.*
sacrés, les quatre *Védas* (Rig, Yadjour, Sâma et
Atharva), était une religion naturaliste dont le culte
s'adressait aux éléments du sacrifice, à la nature, _
à ses grandes forces et à ses phénomènes personnifiés
et déifiés sous les noms d'*Agni*, dieu du feu et du sacrifice; *Soma*, également un dieu du sacrifice, personnification de la libation; *Varouna*, dieu du firmament;
*Indra*, dieu du ciel, de l'atmosphère et de l'orage
bienfaisant; *Dyôs*, le ciel lumineux; *Aditi*, l'espace :
*Prithivi*, la terre; *Mitra, Savitâr, Soûrya*, trois formes
du dieu du soleil, *Vichnou* (Visnu), autre divinité solaire; *Roudra*, dieu de l'orage dévastateur; *Vâyou*, dieu
du vent; les *Marouts*, dieux des éclairs; les *Açvins*, etc.

Les prescriptions morales font absolument défaut
dans le Védisme et on peut se demander s'il possédait
la notion de l'immortalité de l'âme. Il n'existait alors
ni castes, ni clergé; le père de famille célébrait trois
fois par jour, pour lui et pour les siens, un sacrifice
accompagné d'hymnes, dont l'acte principal était, au
point du jour, l'allumage solennel du feu sacré que
l'on *nourrissait* par des libations de *Soma*, de beurre
et diverses offrandes, —à midi et le soir, l'entretien de
ce feu. Les Aryas védiques n'avaient ni temples, ni
idoles.

L'époque dite *brâhmanique* est caractérisée par l'éclo- *Brâhman*
sion des idées philosophiques, la conception d'un
*Dieu suprême, âme universelle*, l'institution des *Castes*
séparant le peuple en *Brâhmanes* ou prêtres, *Kchatriyas*

(Ksatriya) ou guerriers, *Vaiçyas* ou bourgeois et *Çoûdras* (Çûdra), artisans, par la constitution d'un sacerdoce héréditaire, par le développement de l'idée de l'immortalité de l'âme et l'apparition du dogme de la *Métempsycose* ou *Transmigration* perpétuelle des âmes d'un corps dans un autre jusqu'à ce qu'elles soient assez pures pour mériter de s'unir ou de se fondre avec l'âme universelle ou *Brahma*. Les anciennes divinités védiques perdent une grande partie de leur importance et de leur pouvoir au profit d'un dieu nouveau, *Brahmâ*, personnification de la prière (?), qui, prenant la place de *Pradjâpati* (Prajâpati) et de *Pouroucha* (Purusa), devient le dieu suprême, créateur des dieux, du monde et des êtres. Les autres dieux ne sont plus éternels ; ils peuvent être détrônés par des hommes suffisamment pieux pour mériter leur place ; mais continuent cependant à être invoqués et adorés, Indra surtout. Le culte se complique par la fréquence des sacrifices et des fêtes (*pûjâ*) et s'entoure d'un rituel minutieux exposé dans les commentaires du Véda appelés Brâhmanas. La mythologie apparaît et donne une forme plus précise au polythéisme flottant du Védisme. Les idées d'ascétisme, d'austérités religieuses et de méditation contemplative se développent et préparent l'apparition des schismes du Djaïnisme et du Bouddhisme. Enfin, les prescriptions morales prennent une forme définie dans les *Dharma-Çâstras*, codes de lois à la fois religieuses, politiques et sociales.

*Indouisme.*   Avec le Brâhmanisme sectaire ou Indouisme, *Brahmâ* perd à son tour le rang de dieu suprême, qui passe à *Vichnou* et à une divinité nouvelle, *Çiva*, tous deux dieux solaires, qui forment avec lui une trinité, la *Trimourti*, dans laquelle Brahmâ représente le principe créateur, Vichnou le principe conservateur et Çiva le principe destructeur. En réalité, Brahmâ n'est plus qu'un *démiurge* associé tantôt à Vichnou, tantôt à Çiva, considérés chacun comme dieu suprême et âme universelle par leurs fidèles respectifs, les Vichnouites et les Çivaïtes. Les anciens dieux védiques perdent de plus en plus de leur importance et ne sont plus guère que des noms dont l'origine et le sens mythique sont obscurcis. La croyance en la Transmigration s'accentue, de même que le système des Castes devient de plus en plus rigide. Le dogme de l'*Ame universelle* se développe, transforme en panthéisme l'ancien polythéisme brâhmanique, et finalement l'amène presque à une sorte de monothéisme avec Vichnou ou Çiva pour dieu suprême unique, âme universelle, essence et créateur de tous les autres dieux et des êtres. Néanmoins, par un phénomène étrange, ces dieux eux aussi tendent à être relégués dans une sorte de béatitude paradisiaque majestueuse, mais inactive, et le culte de leurs fidèles se porte de préférence, pour Vichnou sur ses *Avatârs* ou Incarnations, pour Çiva sur ses manifestations à allures démoniaques de Bhairava et de Mahâ-kâla, sur ses fils et surtout sur ses épouses ou Çaktîs. Sous l'insfluence du mysticisme *Tântrique*, qui se développe dans les premiers siècles de notre ère, le culte de ces dernières (personnifications de l'énergie de Çiva) devient presque une religion spéciale, désignée sous le nom de *Çâktisme*, qui égale et dépasse même en importance celle de Çiva lui-même. Un des traits caractéristiques de l'Indouisme est l'éclosion de la doctrine de la *Bhakti*, ou de la foi et de la dévotion en un dieu spécial considérée comme toute puissante en vue du salut et rendant les œuvres à peu près inutiles. Le salut, *Mokcha* (Moksa), consiste en l'absorption de l'âme purifiée dans l'âme universelle. L'accession, dans cette forme du Brâhmanisme, des populations anâryennes a introduit dans le culte indouiste les pratiques d'idolâtrie, les superstitions et même le fétichisme de ces races inférieures.

*Djainisme.*   Le Djainisme est, comme le Bouddhisme, une secte hérétique du Brâhmanisme. Les dogmes de ces deux schismes sont presque identiques. Leur but est le même, la délivrance de la Transmigration. Si on en croyait ses fidèles, le Djainisme aurait existé depuis les temps mythologiques, et son premier prophète et fondateur aurait été *Vrichabha* (Vrsabha), fils du dernier Manou, Nâbhi, et père de Bharata, premier roi de l'Inde, qui a donné son nom à ce pays, *Bhârata-Varcha*, « contrée de Bharata ». Ses fondateurs seraient plutôt *Parçvanatha* (800 ans av. J.-C.), si tant est qu'il ait existé, et *Mahâvîra-Vardhamana*, qui fut peut-être le précepteur du Bouddha Çâkya-Mouni. Dans ce cas, le Bouddhisme aurait emprunté une partie de ses dogmes au Djainisme. Le Djainisme nie l'existence éternelle des dieux, qui ne sont que des *saints* préposés temporairement au gouvernement du monde, et la création de l'univers. Le monde est éternel, mais passe régulièrement par deux périodes alternatives de déclin et de croissance, *Avasarpini* (période descendante), *Outsarpini* (période ascendante), au cours desquelles une des trois contrées ou continents, *Dvîpa*, qui le composent est momentanément détruite par le feu. Dans chacune de ces périodes, les Djains ont vingt-quatre prophètes, ou sages divinisés, les *Djinas* ou *Tirthakaras*, qui tiennent la place de la divinité, et que l'on distingue les uns des autres au moyen des emblèmes, figures d'animaux ou ornements, placés sur leur poitrine ou sur le socle de leurs statues. Ils croient à la Transmigration des âmes; mais admettent que, par la science, la vertu, surtout les pratiques ascétiques et la méditation, tous les hommes, quelle que soit leur condition, peuvent atteindre au salut, *Moukti* (Mukti), c'est-à-dire se délivrer à jamais de l'obligation de renaître sur la terre. Ils poussent le principe de la charité et de l'amour universel jusqu'à défendre de tuer, même involontairement, le plus infime des êtres : le meurtre d'un moucheron est un crime qui ne peut être expié que par les austérités les plus rigoureuses.

Le plus sûr chemin pour arriver au Moukti est de se faire ermite ou ascète.

Les Djains se divisent en deux sectes principales : les *Digambaras*, dont les religieux pratiquent la nudité, et les *Çvétâmbaras*, qui s'habillent de vêtements blancs Ils ont conservé la division brâhmanique du peuple en castes; seulement, ils n'en reconnaissent que trois; la dernière, celle des Çoûdras, n'existe pas chez eux. Leurs dogmes, de même que ceux des bouddhistes, paraissent dériver de la philosophie Sankhya. Leurs livres sont écrits en *mâghadi* et en *pâli*, langues aujourd'hui tombées en désuétude.

Le Bouddhisme est un schisme du Brâhmanisme **Boudd** fondé par le *Bouddha* « sage » Gautama, plus connu sous le nom de Çâkya-Mouni, fils de Çouddhodana, roi de Kapilavastou, qui vécut à la fin du VIe et au commencement du Ve siècle, avant notre ère. Il nie la création du monde, l'immortalité et la puissance souveraine des dieux. Il repousse la loi des Castes et n'accepte d'autre autorité que la raison, d'autre supériorité que celle de la vertu et de la science. Il prêche la charité, l'amour du prochain et l'égalité. Il admet le dogme de la Transmigration dont l'homme ne peut se délivrer que par la méditation, la science et la charité qui lui ouvrent les portes du Nirvâna, lieu ou état de béatitude parfaite et éternelle par suite de la suppression de l'obligation de renaître sans cesse et de souffrir les misères de la vie. Il admet aussi, nominalement, des dieux et des génies ; mais ce ne sont que des hommes presque parfaits qui arrivent à ce rang par leurs vertus ; néanmoins, ils ne peuvent l'occuper que pendant un temps déterminé et doivent redevenir hommes pour pouvoir atteindre au bonheur suprême du Nirvâna. Les véritables dieux sont les *Bouddhas*, c'est-à-dire des hommes parfaits, divinisés par la science et qui ont atteint Nirvâna. Au-dessous d'eux, et supérieurs aux dieux, figurent les Bodhisattvas, hommes presque parfaits qui n'ont plus qu'une existence à vivre avant de devenir Bouddhas. Ce sont les protecteurs du monde et de la religion bouddhique. Suivant leurs mérites, les hommes pieux renaissent dans une condition meilleure que celle qu'ils avaient, deviennent dieux ou Bodhisattvas et même Bouddhas. Les méchants renaissent dans des conditions inférieures ou bien sont condamnés par la *conséquence fatale* de leurs actes, *Karma*, à un certain temps d'enfer, et à recommencer ensuite toute la succession des diverses existences. Le bouddhisme proscrit les sacrifices d'animaux au nom de la charité et de l'amour dû à tous les êtres.

Après la mort de Çâkya-Mouni, le bouddhisme s'est divisé en deux écoles. La première, *Hinayâna* ou

du *Petit développement*, est restée fidèle aux enseignements du Bouddha et aux dogmes arrêtés par les trois
premiers conciles, tenus à Râdjâgrihya, à Vaiçali et à
Patalipoutrâ ; la seconde, *Mahâyâna* ou du *Grand développement*, qui date du concile tenu à Djâlandhara,
sous le règne de Kanichka, vers le milieu du Ier siècle
de notre ère, a beaucoup exagéré les dogmes primitifs
et est surtout tombée dans le mysticisme, la magie et
la sorcellerie. Les livres de la première école sont
écrits en *pâli* ; ceux de la seconde en *sanscrit*.

Le Bouddhisme fut très florissant dans l'Inde pendant plusieurs siècles, — surtout au IIIe siècle avant
notre ère, sous le règne du roi Açoka ou Piyadasi,
époque où il commença à se faire missionnaire et à se
répandre dans les nations voisines. Chassé de l'Inde
au XIe siècle de notre ère, il s'est répandu dans toute
l'Asie orientale, où il compte actuellement plus de
400 millions d'adhérents.

# RELIGIONS DU TIBET

Actuellement encore deux religions sont en présence
au Tibet : le *Bon-pa* et le *Bouddhisme* sous la forme
spéciale que l'on nomme *Lamaïsme*.

Les Tibétains donnent le nom de *Bon-pa* ou « Re- *Bon-pa*

ligion Bon » à la croyance autochthone du Tibet, forme religieuse très grossière sur laquelle on manque de renseignements suffisants et qui, en l'état actuel, se présente sous l'aspect d'un *Chamanisme* mélangé de Bouddhisme et de Taôisme. Son dieu suprème, nommé *Kountou-zangbo* (Kun-tu *bzang-po*), paraît être calqué sur l'Adi-Bouddha des bouddhistes et sur le Brahmâ des brâhmanes, de même que son prophète ou réformateur, *Çenrab-miwó*, l'a été sur Çâkya-Mouni. Le culte de cette croyance consiste en l'adoration des esprits avec des pratiques d'exorcisme, de magie, de divination et de sorcellerie. Quant à la morale, elle a emprunté les grandes lignes de celle du Bouddhisme.

Le Musée Guimet ne possède qu'une seule image *Bon-pa*.

*ddhisme.*  Le Bouddhisme a pénétré au Tibet, par le Népâl, probablement dès une époque très reculée (237 avant notre ère, si l'on en croit la tradition des Lamas). Il paraît avoir eu fort à faire à vaincre la religion indigène, ou *Bon-Pa*. Ce n'est qu'au vii<sup>e</sup> siècle de notre ère, sous le règne du roi Srong-tsan-Gampo, qu'il s'y établit définitivement. A la mort de ce roi, il subit une nouvelle déchéance et ne se releva qu'à la fin du viii<sup>e</sup> siècle, sous le règne de Thi-srong-de-Tsan, grâce aux efforts énergiques du moine Padma Sambhava, originaire, dit-on, du Kafiristan.

Le bouddhisme tibétain appartient à l'école Mâhâyâna mystique et tântrique qui paraît s'être développée dans le Népâl, d'où elle s'est propagée dans l'Extrême-Orient. A part les dogmes fondamentaux, cette école s'écarte beaucoup du bouddhisme primitif de Çâkya-Mouni : elle a fait, au Tibet surtout, une large place dans ses dogmes et ses légendes aux croyances et superstitions populaires. Les saints bouddhistes (Bodhisattvas et Arhats), les dieux, les génies et les démons, y jouent un rôle considérable, ainsi que la sorcellerie et l'exorcisme. Elle a augmenté le nombre des Bouddhas en inventant six personnages imaginaires, dont cinq, appelés *Dhyâni-Bouddhas* (Bouddhas de contemplation), sont les inspirateurs, protecteurs et soutiens des *Bouddhas humains* (Manusi-buddha). Ces Bouddhas sont éternels et n'ont jamais passé par la condition humaine; ils personnifient la foi bouddhique. Le plus populaire est *Od-pag-med* (Amitâbha), inspirateur de Çâkya-Mouni et président du paradis inférieur de Soukhâvatî. Les cinq Dhyâni-Bouddhas ont pour président *Dordje-sem-pa* (Vajra-sattva), qui se confond quelquefois avec *Dordje-tchang* (Vajra-dhara), le Bouddha suprême, leur maître et chef à tous. A ces Bouddhas sont joints cinq *Dhyâni-Bodhisattvas*, leurs fils spirituels, chargés de la direction et de la protection du monde et de la religion bouddhique, principalement pendant le temps qui s'écoule entre la mort d'un Manouchi-Bouddha et la naissance de son successeur. Parmi eux *Tchan-rési* (*Spyan-ras-gjigs, Avalokitéçvara* ou *Padmapâni*), fils d'Od-pag-med, jouit d'une réputation et d'un culte tout particuliers en sa qualité de protecteur spécial du Tibet, qu'il convertit au bouddhisme sous la forme du ministre Toumi-Sambhota. Çâkya-Mouni est le principal des Bouddhas humains.

Au xv⁰ siècle (1355-1417), le prêtre *Tsong-Khapa* Lamaïsme entreprit une réforme de la religion, à la suite de laquelle il fonda l'institution *Lamaïque*, dont il fut le premier chef. Depuis, ses successeurs joignirent le pouvoir temporel au spirituel, et le *Dalaï-Lama* (nom qu'on leur donne) est une sorte de pape, souverain absolu, spirituel et temporel, du pays qu'il gouverne par l'intermédiaire des *Khanpos*, cardinaux, et des *Lamas*, supérieurs ou abbés des grands monastères. Les simples prêtres s'appellent *Gé-longs*. La résidence du Dalaï-Lama est à Lhasa, la cité sainte du Tibet. On lui donne aussi le nom de *Bouddha-vivant*, en raison de la croyance que le Dhyâni-Bodhisattva Tchan-rési s'incarne dans tous les Dalaï-Lamas. Il partage le pouvoir avec un autre haut personnage, incarnation du Bouddha Od-pagmed, nommé *Pantchen Rinpotché*, et résidant à Tachilhounpo.

Toutefois la réforme de Tsong-Khapa n'a pas été acceptée par tout le clergé tibétain et il existe aujourd'hui encore de nombreuses sectes de Lamas non réformés appelés *Lamas rouges*, à cause de la couleur de leur costume, pour les distinguer des Gélougpas orthodoxes, vêtus de jaune. Ce sont surtout les Lamas rouges qui s'adonnent aux pratiques de magie, de sorcellerie et de divination. Le Lamaïsme s'est étendu dans l'Asie septentrionale, et non seulement la Mongolie, mais encore les monastères lamaïques de Péking même relèvent directement, au point de vue religieux, du Dalaï-Lama de Lhasa.

# RELIGIONS DE LA CHINE

La Chine possède trois religions principales : deux nationales, le *Confucianisme* et le *Taôisme* ; une d'importation étrangère, le *Bouddhisme*.

Bien qu'il se rattache au culte officiel de la cour, des fonctionnaires et des lettrés, le *Confucianisme* n'est pas une religion dans le sens que nous attachons à ce mot. Tel que l'a institué Confucius (*Koung-fou-tseu*), le réformateur de l'ancien culte naturaliste et fétichique de la Chine, c'est un code de morale pratique basé sur les devoirs et obligations réciproques des hommes, et le respect des ancêtres et de l'antiquité. Les dieux et les esprits en sont tenus à l'écart. Toutefois, il reconnaît implicitement l'existence d'un dieu créateur du monde, *Chang-ti*, l'Empereur suprême, ou *Thien*, le Ciel. L'empereur seul, agissant au nom de tout son peuple, lui adresse des prières et des actions de grâces solennelles au solstice d'hiver, au solstice d'été et à l'équinoxe de printemps. Le dieu, ou esprit du Ciel, *Oang Thien Chang-ti*, la déesse de la terre, *Héou-tou*, ainsi que les génies du grain, de l'eau, des montagnes, des astres, et les ancêtres impériaux participent à ces cérémonies du culte impérial ; mais on n'en fait point d'images et ils ne sont représentés sur les autels que par des tablettes à leur nom.

Le Confucianisme ordonne le respect et la vénération des ancêtres que l'on doit chérir et traiter comme s'ils étaient vivants. De là, le culte ancestral qui ne doit pas être une adoration fétichique, mais seulement un **témoignage** incessant de reconnaissance et de respect, et qui est devenu la seule véritable religion des Chinois confucéens.

*Confucius.* Koung-fou-tseu naquit en 551 avant J.-C., dans l'ancien royaume de Lou. Après sa mort (en 473), la reconnaissance des souverains et l'admiration de ses concitoyens lui donnèrent un rang presque divin. Toutes les villes lui élevèrent des temples. On ne l'adore pas, mais on le vénère comme le bienfaiteur et le maître respecté de la nation, comme le *Grand Saint civil*, hommage qu'il partage avec *Kouan-ti*, le *Grand Saint militaire*, devenu pour les Taôistes, le dieu de la guerre.

*Taôisme.* Le Taôisme est, dit-on généralement, une religion très grossière, faite de superstitions, de croyances locales, de fétichisme et de démonolâtrie curieusement amalgamés avec les doctrines métaphysiques très élevées du philosophe *Laô-tseu* (né en 604 av. J.-C.). Il

*Laô-tseu.* représenterait à peu de choses près l'antique religion chinoise que *Confucius* réforma en la dépouillant de ses superstitions, et ce serait pour lui donner plus d'éclat et lui permettre de lutter avantageusement contre les réformes de Confucius que ses partisans l'auraient placée sous l'égide de Laô-tseu.

En réalité, ce jugement rendu un peu à la légère ne peut s'appliquer qu'à la religion populaire. Ici, comme partout du reste, il faut faire une grande différence entre les croyances du vulgaire et celles des philosophes et des lettrés, et les idées ou les doctrines émises par Laô-tseu et ses éminents disciples peuvent soutenir sans danger la comparaison avec celles de Confucius ou des plus illustres penseurs de l'Inde ancienne, dont il semblerait du reste que Laô-tseu ait connu les ouvrages. Malheureusement pour lui et son école, en dépit de l'élévation de leurs doctrines, on les a rendus responsables des superstitions et des jongleries qui se sont abritées sous leur nom.

Le taôisme dans sa forme populaire reconnait un dieu suprême, créateur du monde, qu'il nomme *Yü-Oang-Chang-ti*, *Oang-thien-Chang-ti* ou bien simplement *Thien*, « ciel », et *Tin-kong*, « dieu du ciel »; mais, au-dessus de lui, il place une *trinité* appelée *San-thsing*, « les Trois Purs », dont Laô-tseu fait partie en qualité de troisième personne, Esprit de science ou de sagesse. Une autre trinité, mais inférieure, sous les ordres d'Oang-thién-Chang-ti, s'occupe de la direction matérielle du monde. Elle s'appelle *San-Kouan*, « Trois Directeurs », ou *Sam-Kaï-Kong*, « Trois Seigneurs du monde ». Au-dessous de cette trinité, se trouve la multitude des dieux, génies, démons, esprits du ciel, de la terre, de la mer, des astres, des montagnes, des rivières, des provinces, des villes, des villages, etc., désignés sous le nom collectif de *Chen* « esprit », pour la plupart anciens héros, lettrés et philosophes déifiés. A la fin de chaque année, les dieux ubalternes chargés de la surveillance de la terre et des hommes vont à la cour d'Oang-thién-Chang-ti rendre compte de leur mission. En cas de négligence dans leurs fonctions, ils sont destitués et remplacés par de nouvelles divinités. C'est le grand-prêtre ou pape taôiste héréditaire qui proclame ces canonisations annuelles. La magie, la géomancie, l'astrologie, l'alchimie, l'exorcisme et la sorcellerie sont en grande faveur dans cette religion. Chez elle, le culte des ancêtres devient un véritable fétichisme du cadavre.

*ddhisme.*

Le Bouddhisme chinois, appartient à l'école Mahâyâna. Il fut apporté en Chine, dès l'an 225 avant J.-C., par des missionnaires indous, et ne réussit pas à s'implanter à ce moment. En 65 de notre ère, l'empereur Ming-ti, à la suite d'un rêve où le Bouddha lui était apparu, envoya chercher dans l'Inde des livres et des prêtres bouddhistes; mais ce ne fut qu'en 313 que le Bouddhisme fut officiellement reconnu. Au v<sup>e</sup> siècle arriva en Chine le patriarche Dharma ou Bodhidharma qui fonda l'église bouddhique sur le modèle de celle de l'Inde. Ce Dharma, en chinois, Tâ-mô, grand faiseur de miracles, a été pris un moment pour l'apôtre du Christ, saint Thomas. Depuis lors, plusieurs pèlerins chinois entreprirent le voyage de l'Inde pour visiter les lieux saints, berceau de leur croyance, et chercher des livres sacrés. Parmi eux, le plus illustre est Hiouén-thsang. A leur suite, de nombreux prêtres indous vinrent s'établir en Chine et prendre part à la traduction en chinois des livres bouddhistes.

Le Bouddhisme, avec une souplesse et une activité merveilleuses, sut bientôt se rendre populaire en adoptant toutes les superstitions et les légendes indigènes, en ouvrant largement les portes de son panthéon aux divinités locales, surtout en prêtant la pompe et l'éclat de ses cérémonies au culte des morts.

Dans le Bouddhisme chinois, le rôle prépondérant appartient à *O-mi-tô-foh* (Amitâbha), le Bouddha Éternel, et aux deux Bodhisattvas (Pou-sa) *Kouan-yin* (Avalokitêçvara), personnifiant la charité et la grâce divine, et *Oén-chou* (Manjuçri), incarnation de la science. Le véritable Bouddha, Çàkya-Mouni (Shaka-Mouni), n'est guère que le porte-parole, le prophète de la religion bouddhique, inspiré et soutenu pendant sa carrière terrestre par Amitâbha. Les dieux indous y figurent sous des noms chinois, traductions ou transcriptions phonétiques de leurs noms sanscrits, à côté des dieux, des esprits, des génies et des démons nationaux, et s'approprient souvent des légendes purement chinoises. C'est le cas de Manjouçri, et surtout d'Avalokitêçvara qui se confond quelquefois avec Kinmou ou Si-ouang-mou, une déesse de la terre, et souvent avec la déesse de la mer, Thién-héou-sin-mô.

Actuellement, le Bouddhisme chinois se divise en dix-huit sectes principales, fort peu différentes entre elles. Ses livres sont des traductions des écritures indoues, augmentées de copieux commentaires, de traités de théologie, de rituel, de métaphysique, voire même d'astrologie, de divination, d'exorcisme et de géomancie, composés par les fondateurs de sectes et les grands-prêtres de ses nombreux monastères.

# INDO-CHINE

Dans l'Indo-Chine, le Bouddhisme règne presque
exclusivement. Il est particulièrement pur en Birmanie et à Siam. Au Cambodge, il s'est fortement im-
prégné de brâhmanisme, ainsi qu'en témoignent les
ruines de temples et les inscriptions récemment découvertes. Dans l'Annam et le Tonkin, il s'est fait,
sous l'influence chinoise, un curieux amalgame de
bouddhisme mahâyána, de taôisme et de superstitions
locales.

La forme de bouddhisme adoptée en Birmanie, à
Siam et au Cambodge, est celle que l'on appelle *Hi-
nayána* (*petit véhicule* ou *petit développement*). Elle
passe pour être la pure doctrine professée par le Bouddha. *Çâkya-Mouni* est le seul objet de son culte. Les
Bodhisattvas, les dieux et les génies, n'y jouent qu'un
rôle très secondaire, ainsi que *Maitréya*, le Bouddha futur, et les trois Bouddhas prédécesseurs de Çâkya-Mouni.
Si cette religion est plus conforme à l'enseignement
primitif du Maître et aux canons arrêtés dans les conciles de Râjâgrihya, de Vaïçalî et de Patalipoutra, par
contre, la partie philosophique y est moins développée que dans l'école *Mahâyána*.

# RELIGIONS DE JAPON

Au Japon, nous trouvons deux religions : le *Shïn-tô*, culte national et officiel, qui fait remonter son origine à celle de la nation elle-même, et le *Bouddhisme*, importé de Corée vers le milieu du vi<sup>e</sup> siècle de notre ère.

Malgré sa prétention à être une religion absolu- *Shïntô.* ment nationale, le *Shïn-tô* a beaucoup de rapports intimes avec le Taôisme chinois, et il pourrait bien se faire qu'il en fût un dérivé.

Il reconnaît un dieu créateur, éternel et souverain, *Amé-nomi-naka-noushi-no-Kami*, formant une trinité avec les dieux *Taka-mi-mousou-bi-no-Kami* et *Kami-mousou-bi-no-Kami*, nés de son essence même. Deux autres dieux, *Oumashi-ashi-kabi-kito-dji-no-Kami* et *Améno-tatchi-no-Kami*, naquirent par sa volonté, de la matière primordiale au moment où elle se dégageait du chaos et se divisait en deux éléments, l'un léger et subtil (le ciel ou l'atmosphère), l'autre lourd et grossier, sorte d'océan chaotique. Ensuite, naissent cinq couples de divinités de plus en plus matérielles, dont les dernières, *Isanagui* et *Isanami*, créèrent la terre et devinrent les générateurs de la race humaine.

Le culte du Shïn-tô est naturaliste. Il s'adresse principalement au Soleil doré sous le nom d'*Amaté-*

*rasou*, la brillante fille d'Isanagui et d'Isanami. Ses dieux secondaires portent le nom de *Kamis*; ce sont de purs esprits, tout puissants, mais invisibles. L'empereur est le descendant direct et l'héritier des dieux qu'il représente sur la terre. Aussi exerce-t-il sa souveraineté au spirituel comme au temporel.

Le caractère particulier de Shïn-tô est l'horreur de la superstition et de l'idolâtrie. Il interdit de faire des images des dieux. Les temples sont construits en bois naturel, sans peintures ni ornements et d'une architecture très simple. Le sanctuaire, fermé par un voile blanc que nul ne doit franchir, ne renferme qu'une table ou autel de bois blanc, supportant un miroir de métal poli, symbole de la création (le soleil se levant sur les flots) ou de la pureté de conscience, un *Gohéi* (bandelettes de papier blanc fixées au bout d'un bâton), symbole de pureté, et un sabre en souvenir des exploits du dieu *Sousa-nô-vô-no-Mikotô*, frère d'Amatérasou et premier souverain du Japon, qui délivra la contrée d'un dragon dévorant. Le culte est tout moral. Les cérémonies officielles sont accomplies par l'Empereur et, dans les provinces, par les fonctionnaires, ses représentants. Le rôle du clergé est limité à l'enseignement des *lois religieuses et morales*, à la prédication et à l'exécution des chants et des danses sacrés qui accompagnent certaines cérémonies. Les prêtres ne sont pas soumis à l'obligation du célibat et leurs fonctions peuvent être héréditaires.

*Bouddhisme.*   Le Bouddhisme japonais appartient à l'école Mahâyâna et à la forme dite *Bouddhisme du Nord*. Comme celui de la Chine, d'où il est issu, il donne les principaux rôles au Dhyâni-Bouddha *Amida* (Amitâbha) et au Dhyâni-Bodhisattva *Kouan-on* (Avalokitéçvara) ; cependant, *Shaka-Mouni* (Çâkya-Mouni) y occupe une place importante et les sectes de *Singon* et de *Tendaï* donnent le premier rang à *Daï Niti Nioraï* (Vairocana), chef des Dhyâni-Bouddhas, Intelligence suprême dont les autres Bouddhas ne sont que des émanations.

Quand, de la Corée, le Bouddhisme s'introduisit au Japon (vi° siècle), il opéra une révolution considérable dans les formes extérieures du culte national en apportant la pompe de ses cérémonies et ses innombrables images. Avec la facilité d'assimilation qui le caractérise, il s'empressa de faire place, dans son panthéon, aux principaux Kamis et de les représenter, comme ses autres dieux, par des images. Une fois acclimaté au Japon, le Bouddhisme ne tarda pas à se diviser en sectes, reflets des grandes écoles bouddhiques chinoises. On en compte six principales : *Tén daï, Hokké-siou, Zén-siou, Sin-gon, Sin-siou* et *Djôdô-siou*, divisées elles-mêmes en trente-six sous-sectes. C'est cette division que nous avons suivie.

Il faut encore ajouter à ces six sectes purement bouddhistes une secte mixte appelée *Riô-bou*, mélange de Shïn-tô et de Bouddhisme, qui a été supprimée par décret impérial, en 1881, afin de rendre au Shïn-tô toute sa pureté.


## ÉGYPTE ANCIENNE

La religion de l'Égypte est, sans contredit, la plus ancienne que l'on connaisse. Elle était fixée dans ses grandes lignes avant les temps historiques. Son culte est celui des forces et des phénomènes de la nature.

Ses dieux, NOUTIR « force, puissance », ne sont ni éternels, ni immortels; ils naissent et meurent; ils ont des corps, peut-être matériels, des passions, des besoins, des vices; leurs actes sont les phénomènes naturels, leur vie est calquée sur celle des hommes. Les divinités primitives étaient: TOUMOU, le père des dieux, existant dans l'eau primordiale, principe de toutes choses; SIBOU, le dieu terre, et NOUIT, la déesse ciel; CHOU, le dieu air qui sépara la terre du ciel et soutient ce dernier; RA, le dieu soleil, qui paraît avoir conservé le rôle de dieu universel de l'Égypte. Plus tard, le soleil devint le dieu principal sous les noms de PHTAH, OSIRIS et AMMON, divinités suprêmes des trois capitales successives de l'empire, Memphis, Abydos et Thèbes. PHTAH, est le soleil créateur; AMMON, le soleil vivant; OSIRIS, le soleil mort, c'est-à-dire caché pendant la nuit, qui renaît chaque matin sous les traits de son fils HORUS. Le meurtrier d'Osiris est SIT ou TYPHON, le dieu de la nuit et du mal, qui est lui-même vaincu et mis à mort par Horus, le soleil levant, vengeur d'Osiris. A chacun de ces dieux est associée une déesse : SEKHET, à Phtah; ISIS ou HATHOR, à Osiris; MAUT, à Ammon, Le fils de Phtah et de Sekhet est IM-HOTEP; celui d'Osiris et d'Isis, HORUS; celui d'Ammon et de Maut, CHONS. Ces trois dieux enfants personnifient le soleil renaissant, et les déesses, la lumière du soleil, son énergie, ou l'espace où il se meut. Isis est devenue enfin une personnification de la nature, une déesse génératrice et nourricière. Au-dessous de ces grands dieux se trouvent une foule de divinités secondaires, dieux et génies, parmi lesquels les principaux sont : THOT, le dieu de la parole; KHEM, le dieu fécondateur; ANUBIS, le conducteur des âmes; Bès, le dieu du plaisir; le Nil, etc.; les déesses Neit et Nefthys; Bast, à tête de chatte; Ma, déesse de la vérité et de la justice; Thouéris, au corps d'hippopotame, etc.

L'objet principal du culte égyptien est d'assurer la vie de l'âme dans l'autre monde. Aussitôt après la mort, l'âme se rend dans l'*Amenti* (région funéraire située à l'Occident), sous la conduite d'Anubis, et comparaît devant Osiris, dieu des morts, qui la plonge dans les ténèbres de l'enfer, ou la prend sur sa barque pour la conduire au paradis, *Champs d'Ialou*, ou au séjour des dieux. Les charmes et les formules magiques ont plus de pouvoir sur le jugement d'Osiris que les actes de la vie; de plus quel que soit son séjour, l'âme a besoin pour vivre de nourriture et de vêtements que doivent lui procurer les offrandes des vivants : aussi les rites égyptiens sont-ils plutôt des opérations magiques que des cérémonies réellement religieuses. La coutume d'embaumer les corps a pour origine et pour raison d'être la croyance que l'intégrité du corps est indispensable à l'intégrité de l'âme.

Vers le IIe siècle de notre ère, le culte égyptien *Culte Isiaque* pénétra dans l'Empire romain et y apporta ses dieux, surtout Isis, Sérapis et Horus. Il dut prendre une extension considérable, car on trouve les divinités et les figurines funéraires égyptiennes à peu près partout, en France, en Allemagne, et même en Angleterre. Elles se rencontrent surtout le long des grands fleuves, le Rhône, le Rhin et le Danube, et dans les localités où ont été cantonnées des légions romaines, ce qui permet de supposer que les importateurs de ce culte furent principalement les bateliers, dont Isis était la patronne, et les légionnaires qui sans doute comptaient dans leurs rangs de nombreux affiliés au culte isiaque.

L'introduction de la religion égyptienne en Europe avait été préparée, depuis la période Ptolémaïque, par la transformation que les Grecs et les Romains d'Alexandrie avaient fait subir, pour pouvoir les assimiler à leurs dieux, à celles des divinités égyptiennes qui avaient quelques analogies avec eux, notamment à Isis, Ammon et Horus.

## RELIGIONS GRECQUE ET ROMAINE

Ces religions sont trop connues pour qu'il soit nécessaire de leur consacrer une notice.

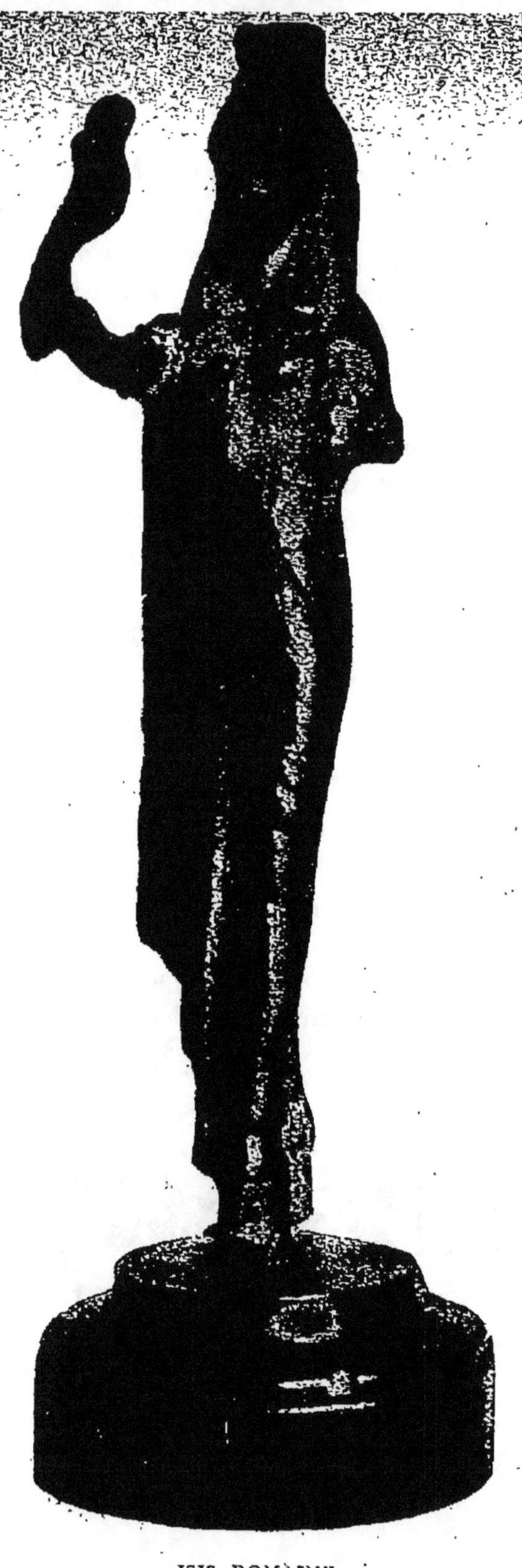

ISIS ROMAINE
(Bronze.)

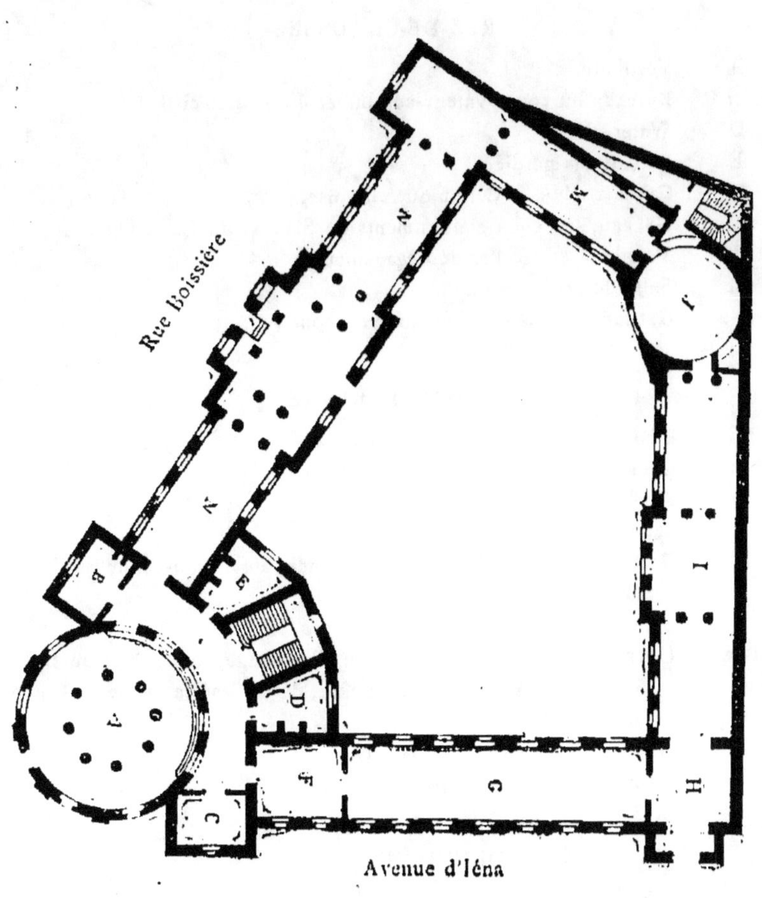


PLAN DU MUSÉE GUIMET

# EXPLICATION DU PLAN

## REZ-DE-CHAUSSÉE

| | |
|---|---|
| A | Vestibule. |
| B et C | Bureaux du conservateur-adjoint et du gardien-chef. |
| D | Water-closet. |
| E | Bureau des gardiens. |
| G | GALERIE D'IÉNA : Céramique chinoise. |
| | GALERIE SUR COUR : Monuments du Siam et du Cambodge. |
| J | Vestibule et escalier de dégagement. |
| M | Salle de conférences. |
| N | GALERIE BOISSIÈRE : Céramique japonaise. |

## PREMIER ÉTAGE

| | |
|---|---|
| A | Bibliothèque. |
| B et C | Cabinets du directeur et du conservateur. |
| D | SALLE N° 7 : Parsis. |
| E | Salle de lecture. |
| G | GALERIE D'IÉNA : Religions de l'Inde, de l'Indo-Chine et de la Chine. |
| H | SALLE DE JADE. |
| I et J | GALERIE SUR COUR : Religions du Cambodge, de la Birmanie, du Siam, de l'Annam et du Tonkin, de la Sibérie et de la Chine méridionale. |
| M | GALERIE SUR COUR : Art japonais. |
| N | GALERIE BOISSIÈRE : Religions, histoire et art du Japon. |

## DEUXIÈME ÉTAGE

| | |
|---|---|
| A | Tableaux de F. Régamey. |
| B et C | Bureaux de l'architecte et des traducteurs indigènes. |
| D et E | Magasins et archives. |
| G | GALERIE D'IÉNA : Peintures, dessins, estampes, illustrations et croquis japonais. — Religions romaine, grecque et gauloise. |
| H | Religion grecque. |
| I | GALERIE SUR COUR : Grèce archaïque, Cappadoce, Art musulman de l'Asie centrale. |
| J | Religion et art de la Corée. |
| N | GALERIE BOISSIÈRE : Religion de l'Égypte ancienne et culte Isiaque |

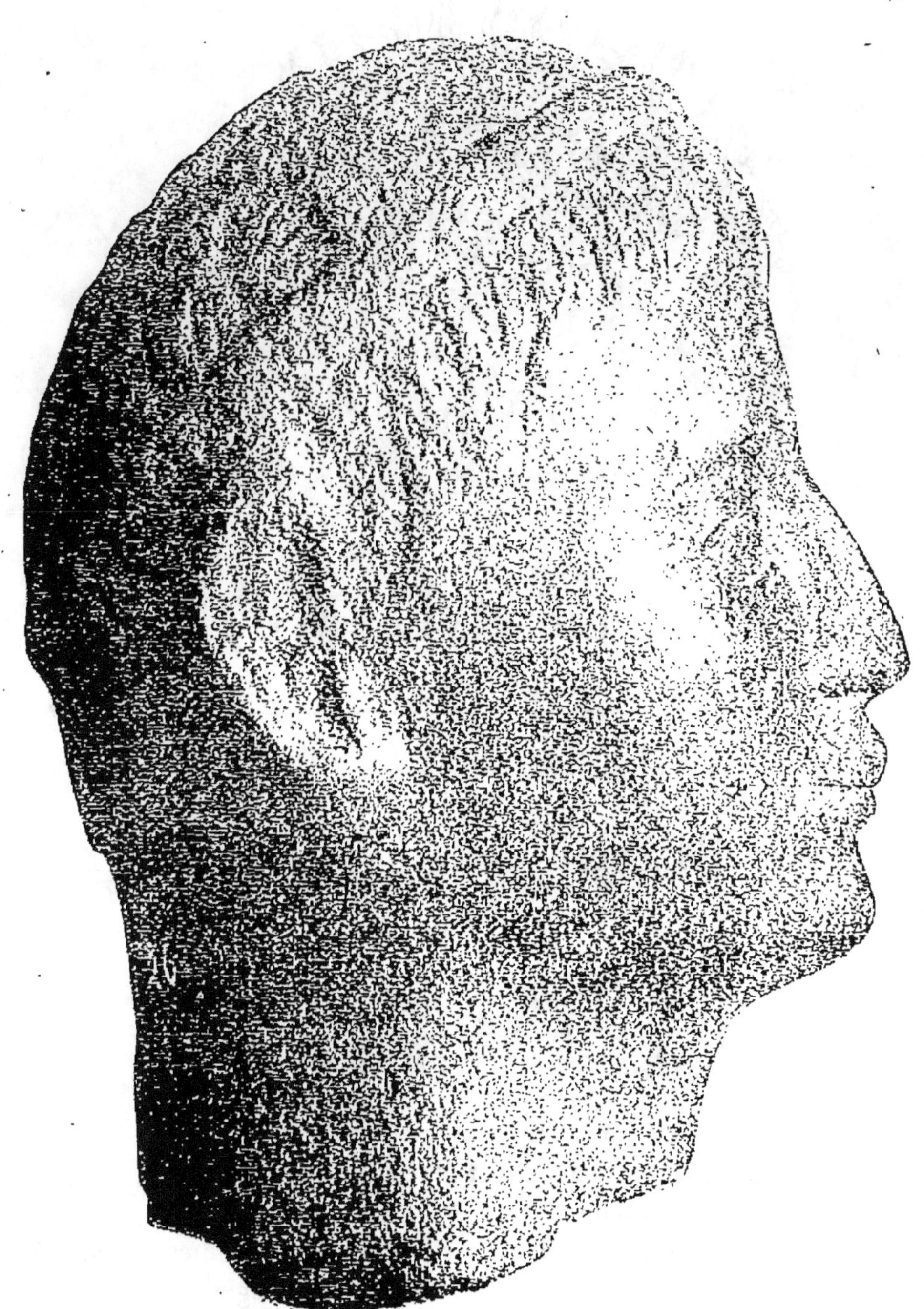

PRÊTRE ISIAQUE DE LA SECTE ROMAINE
Tête de porphyre trouvée à Achmïn.

# GUIDE

AU

# MUSÉE GUIMET

---

## REZ-DE-CHAUSSÉE

### ROTONDE D'ENTRÉE

Buste d'Osiris romain, marbre blanc. *Au milieu.*
Dix bustes, probablement des portraits, provenant *Autour de la*
de la villa Hadriana.
Autel funéraire gallo-romain découvert à Nîmes. *A gauche de*
Autel de sacrifice. Devant : deux personnages de- *trée.*
bout, probablement Mercure et Rosmerta ; à droite,

un coq sur une tortue, et, à gauche, un bélier sur un autel. — Trouvé dans le clocher de l'église de Fleurieu-sur-Saône. lors de la démolition de cette chapelle, en 1885.

Deux vitrines renfermant une collection de bustes et masques en plâtre, portraits de défunts des époques romaine et byzantine, trouvés dans les fouilles faites à Antinoé (Égypte) en 1896, 97 et 98.

# REZ-DE-CHAUSSÉE

—

## GALERIE D'IÉNA

## CÉRAMIQUE CHINOISE

La galerie a été divisée en trois salles :
La première est consacrée aux différents procédés de fabrication ; la seconde, aux découvertes successives des couleurs ; la troisième, à la chronologie donnée par les marques impériales.

## PREMIÈRE SALLE

### PROCÉDÉS DE FABRICATION

### *Vitrine* I.

Vases gaufrés, gravés ou sculptés sous émail, à couvertes variées ordinairement appelées céladons.

Les céladons vert d'eau sont très probablement les plus anciens spécimens de la porcelaine de Chine, ceux dont la couleur a été désignée, par les premiers traducteurs de chinois, comme étant « bleu de ciel après la pluie ». Le caractère aurait dû se lire « vert ».

Ils rappellent par leurs formes les anciens vases de bronze sur lesquels, au début, on a moulé la porcelaine avant d'avoir appris à la modeler et à la tourner.

Les trois plats qui figurent dans cette vitrine donnent une idée de ce genre de colorations et doivent être assez anciens.

Celui qui est en bas, à droite, servait de bénitier dans une petite chapelle des environs de Valence (Espagne).

## *Vitrine* 2.

Vases dont les décorations variées ont été obtenues par le fait de la température élevée qui a fait produire des coulures et des marbrures, dont l'effet était prévu alors même que l'on appliquait les couleurs par aspersion, par immersion, par insufflation, par touches de pinceau, par coups de tamis, ou par tout autre procédé qui amenait la variété dans la répartition des tons.

A gauche, vase mal cuit : au lieu de couler, les couleurs ont fait taches.

## *Vitrine* 3.

Porcelaines craquelées et décorées sur craquelé.

## Vitrine 4.

Porcelaines dites de Nankin et faites à Kïng-té Tchïn, ville où se trouvent presque toutes les fabriques de porcelaine, notamment la Manufacture impériale. Décors de Nankin.

## Vitrine 5.

La porcelaine dite de Canton est faite à Kïng-té-Tchïn et amenée à Canton pour être décorée. Deux vases blancs donnent une idée de la porcelaine avant qu'elle soit couverte de peintures. L'un a reçu le vernis blanc par immersion, ce qui le rend plus lisse ; l'autre, par insufflation, ce qui lui donne un aspect granuleux.

On voit là aussi des pièces gaufrées sous émail et des craquelés décorés de peinture.

Une coupe et deux vases bleus ont reçu la couverte sous forme de gouttelettes donnant les petites protubérances de la peau de grenouille.

Un plat vert a eu la couleur mise également par l'insufflation au roseau.

Une série de plats a reçu, sur une couverte vert *Contre le m*[...] clair, de la poussière brune déposée par des coups de tamis.

## Vitrine 6.

Porcelaines anti-datées faites à l'imitation de pièces anciennes.

Une série de tasses (rayon du bas), de couleurs variées, imitent les décors du temps de l'empereur Kien-long (1736-1796) et sont même datées faussement du nom de cet empereur. Au second rayon se trouvent des porcelaines anciennes, en blanc de Chine ou a décor bleu, surdécorées de peintures imitant des vases dits de la famille verte. Cette falsification, imaginée pour donner plus de valeur à ces vases, leur en ôte beaucoup aux yeux des connaisseurs.

*Contre le mur.* Paravent chinois, en laque dite *de Coromandel*, représentant une fête à la cour sous la dynastie des Ming.

Trois vitrines tables contiennent des objets variés d'époques anciennes.

## DEUXIÈME SALLE

### PORCELAINES CLASSÉES SELON L'ORDRE DE LA DÉCOUVERTE DES COULEURS

## *Vitrine 7.*

Terres cuites appelées improprement Boccaros, à cause de leur ressemblance avec les poteries qui portent ce nom en Portugal. La plupart sont moulées et quelques-unes traitées à l'ébauchoir (théière au cerf) dans la pâte humide, ou ciselées dans la pâte sèche (grand vase à gauche).

Les couleurs des terres sont très variées : quelques-unes imitent le bronze; parfois on les a recouvertes d'émaux colorés d'une grande intensité.

Deux vases et une potiche en Boccaro. *Au dessus de vitrine.*

## *Vitrine* 8.

Porcelaines blanches faites avec des kaolins de différentes provenances, ce qui les fait varier de ton et surtout de densité.

## *Vitrine* 9.

La première couleur employée pour décorer la porcelaine a été le bleu de cobalt qui, à cause de sa facilité de dissociation aux hautes températures, était utilisé avant que l'on recouvrît le vase de son vernis siliceux. C'est ce qu'on appelle les Bleus *sous couverte*.

Parfois, la couverte blanche est remplacée par une couverte bleu clair qui laisse apercevoir, par translucidité, le décor bleu foncé.

## *Vitrine* 10.

Les rouges de protoxyde de cuivre furent appliqués 1ʳᵒ *travée.* aussi sous la couverte, tantôt seuls, tantôt de concert avec les bleus déjà utilisés.

On voit également sur ces décors bleu et rouge des couvertes bleu clair (deuxième rayon à droite).

A cette époque apparaissent (rayon du haut) et les 2ᵒ *travée.* rouges de fer et les ors qui étaient appliqués *sur la couverte*, à la température plus basse des feux de moufle.

L'utilisation de l'or amène les décors or sur bleu,
or sur noir, etc.

## *Vitrine* 11.

Les feux de moufle permettent l'emploi des verts
de cuivre, qui ne tardent pas à dominer dans la décoration des vases, ce qui leur a fait donner le nom de
porcelaines de la *famille verte*.

Mais tandis que les rouges et les verts étaient appliqués sur la couverte, les bleus ont continué à être
mis en dessous.

## *Vitrine* 12.

Les violets de manganèse et les jaunes de cadmium,
ou les jaunes de fer, créent une nouvelle série qu'on
pourrait presque appeler la *famille jaune*, et qui nous
amène à la dernière couleur de la palette des céramistes chinois : le rose d'or.

## *Vitrine* 13.

Enrichis par cette superbe teinte, le rose d'or, les
Chinois la font dominer dans leurs productions, auxquelles on a donné la dénomination de *famille rose*.

## *Vitrine* 14.

Les relations de plus en plus fréquentes entre les
Européens et les Chinois amenèrent la création en
Chine d'un genre dit « de la Compagnie des Indes »,

qui reproduisait plus ou moins fidèlement des sujets européens ou les armoiries de grandes familles. A signaler un plat du service du Régent, aux armes de France, et une assiette à l'Écureil, blason de Fouquet.

La *travée de droite* contient de préférence les sujets profanes ; la *travée de gauche*, les sujets religieux inspirés par les Pères jésuites.

Un service à thé représente l'établissement **de ces** missionnaires dans le Chën-si au XVIII<sup>e</sup> siècle.

## *Vitrine* 14 *bis.*

Porcelaines de la Compagnie des Indes, à décors divers, non armoriés.

## TROISIÈME SALLE

## *Vitrine* 15.

Cette vitrine nous montre les genres de vases qu'on attribue d'ordinaire à la période des Soung (960-1279) et des Youen (1279-1368) ; quoique ces objets ne soient ni datés ni signés leur caractère d'antiquité rend ces déterminations très plausibles.

## *Vitrine 15 bis.*

MARQUE SIOUEN-TÉ

Porcelaines de l'époque Ming, soit :

| | | | |
|---|---|---|---|
| 武 | 洪 | Hong-wou | 1368 |
| 文 | 建 | Kien-ouen | 1399 |
| 樂 | 永 | Yong-lo | 1403 |
| 熙 | 洪 | Hong-hi | 1425 |
| 德 | 宣 | Siouen-té | 1426 |
| 統 | 正 | Tching-tong | 1436 |
| 泰 | 景 | Kïng-taï | 1450 |
| 順 | 天 | Tchien-Chun | 1457 |
| 化 | 成 | Tching-Hoa | 1465 |
| 治 | 弘 | Hong-tchi | 1488 |
| 德 | 正 | Tching-té | 1506 |
| 靖 | 嘉 | Kia-tsing | 1522 |
| 慶 | 隆 | Long-khing | 1567 |
| 曆 | 萬 | Ouanli | 1573 |
| 昌 | 泰 | Taï-tchang | 1620 |
| 啓 | 天 | Thien-ki | 1621 |
| 禎 | 崇 | Tsong-tchïng | 1628 |

Les pièces marquées Tching-Hoa sont probablement
de l'époque de Khang-hi.

## *Vitrine* 16.

A l'époque des Thsïng, ou des Tartares mandchous,
sous l'empereur Khang-hi (1662-1723), la Manufacture impériale de Kïng-té-tchïn, qui avait été fondée
au XIe siècle, prend un grand développement et la
fabrication de la porcelaine devient très soignée.

MARQUE KHANG-HI

Thsang, inspecteur et directeur de cette usine, in-
venta plusieurs couleurs nouvelles et, pour employer
les termes des auteurs chinois, « l'Esprit qui préside
au feu des fours donnait souvent conseil à Thsang ».

## *Vitrine* 16 *bis*.

Porcelaines fabriquées sous l'empereur Young-tching
(1723-1736). Nien, nommé directeur de la manufacture impériale, ne fit guère que de l'administration.
Généralement les décors sont faits au trait bleu et
remplis de couleurs peu accentuées, genre ferronneries.

L'ensemble de cette fabrication est très délicat. Il

semble que les ouvriers et les décorateurs aient eu
plus d'initiative.

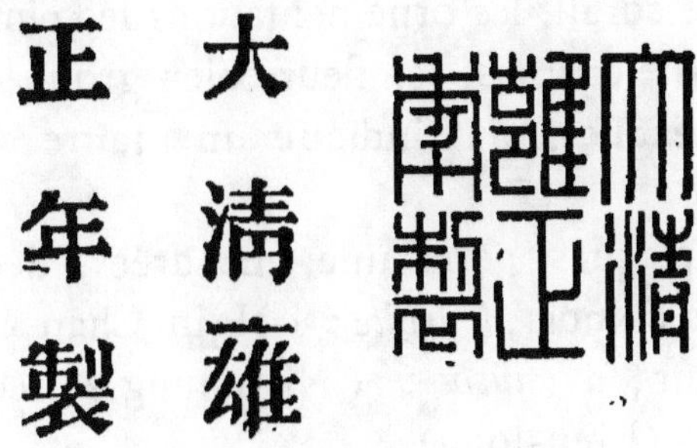

MARQUES YOUNG-TCHING

## *Vitrine* 17.

Thang fut inspecteur des manufactures sous le
règne de Kien-long (1736-1796). Il fit revivre les
procédés anciens. Il trouva dans son propre génie la
plupart des merveilleux procédés qu'il mit en usage.

MARQUES KIEN-LONG

Aussi voyons nous une variété remarquable dans
tous les produits de cette époque. Les gaufrés sous
émail à teintes variées, les vases ornés de coulures
de grand-feu, les peintures sur biscuit (deuxième
rayon à gauche), les imitations de gouache (deuxième
rayon au milieu), les violets et les bleus d'Europe,

les imitations de jades (rayon du bas), les reproduc-
tions de bronze, d'aventurine, de marbre, de porphyre, de corail, les ornementations les plus soignées
et les plus élégantes, les fleurs bien groupées, parfaitement rendues, tout indique un maître sûr de son
art.

Deux plaques porcelaine encadrées, décorées de *A droite, sur*
caractères chinois; *à droite* : « Ngin-Chan », recevoir   *la porte.*
le bonheur; *à gauche* : « Ni-tchung », recevoir au
printemps (Kien-long).

## *Vitrine* 18.

La *travée de droite* et le *bas de la travée de gauche*
continuent à nous faire admirer les produits de l'époque Kien-long.

MARQUES KIA KING

Sous Kia-king (1796-1821), l'influence de Thang *Travée de gau*
se fait encore sentir, quoique avec une décadence   *2º rayon.*
marquée.

Sous Tao-Kouang (1821-1851), un regain d'habi-   *3º rayon.*
leté, surtout dans les petites pièces, est comme le
dernier soupir de la grande fabrication officielle.

A partir de 1840, King-té-tchïn ne fait plus que

les vases pour les « diables des mers », c'est-à-dire pour l'exportation européenne.

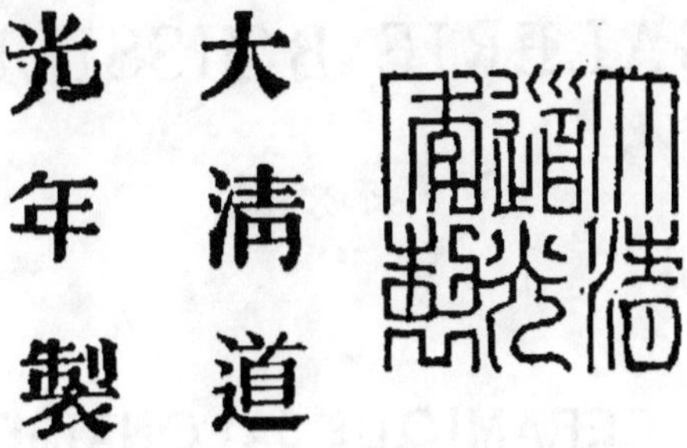

MARQUES TAO-KOUANG

## *Vitrine* 19.

Porcelaines portant les marques de collections particulières et des marques diverses.

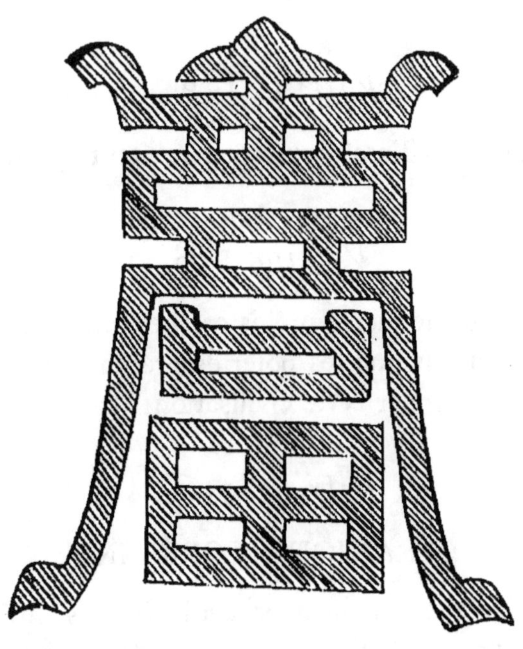

# GALERIE BOISSIÈRE

## CÉRAMIQUE JAPONAISE

Les produits sont classés par provinces en suivant autant que possible l'ordre géographique du nord au sud.

### *Vitrine* 1-A.

Poteries des *Korobokouros*, ou habitants primitifs du Japon.

### *Vitrine* 1-B.

Ustensiles de pierre préhistoriques trouvés dans les mêmes endroits que les poteries précédentes, et servant à caractériser cette civilisation.

### *Vitrine* 1-C.

#### CÉRAMIQUE CORÉENNE

Les Coréens passent pour avoir été les initiateurs des Japonais dans l'art céramique; c'est à ce titre que cette vitrine a trouvé place dans la Galerie Japonaise.

*Rayon du bas.* Porcelaines de la collection Varat.

*2e et 3e rayons.* Porcelaines anciennes données par M. Colin de Plancy.

*4e rayon.* Terres cuites recueillies dans des tombeaux coréens.

## *Vitrine* 2.

### CÉRÉMONIE DU THÉ OU TCHANOYOU

(Voir l'explication à gauche de la vitrine.)

*Rayon du bas.* On a réuni dans ce rayon tous les objets qui servent à cette cérémonie très compliquée, où le thé, fortement agité avec un moussoir dans l'eau bouillante, est préparé au fur et à mesure pour chaque convive.

Moulin à réduire le thé en poudre ; fourneau en fonte et sa bouilloire. Vase à eau, spatules, moussoir, etc.

*...ayon, au milieu.* Un *Tchadjin*, ou maître de la Cérémonie du Thé, préparant le thé suivant les rites.

Collection de *Kôgôs*, ou boîtes à parfums.

*A gauche.* *Tcha-iré*, pots à thé, avec leurs enveloppes en vieilles étoffes, leurs étuis et les boîtes de leurs étuis ;

*A droite.* *Kadsoumé*, ou boîtes à thé.

*3e rayon.* Collection de *Tcha-vans*, ou bols à thé, la plupart faits à la main sans l'aide du tour, de provenances diverses, de formes et de décors variés, différant pour chaque saison, quelques-uns très anciens et œuvres d'artistes renommés.

*4e rayon.* Vases à eau.

Vases à fleurs en bronze qui servent à l'ornemen- *5° rayon.*
tation de l'appartement où se fait la cérémonie.

*Kakémono,* peint sur papier, signé Massa-Shigué et *Contre la paroi*
daté 1831, représentant un Tchadjïn. *droite* de la *vitri...*

Cloison mobile qui se dresse autour de l'opéra- *Au dessus de...*
teur de la cérémonie ; table où se disposent les objets ; *vitrine.*
modèle de moulin à thé et vase à eau en vieux grès
de Bizen.

## *Vitrine 3.*

Produits anciens, faïences ou grès, provenant gé- *2°, 3° et 4° rayo...*
néralement de Séto, où la fabrication prit assez d'importance pour donner le nom de Séto-Mono (objets
de Séto) aux produits céramiques du Japon.

Grès à couvertes colorées de provenances diverses, *Rayon du bas.*
fabrications de Séto, Takatori, Hizen et Shigaraki.

BLASON DES PRINCES DE SOMA

## *Vitrine 4.*

Produits attribués probablement à tort à la Corée. *A droite.*
Poteries, dites de Soma, du nom d'une famille prin- *A gauche.*

cière dont elles portent ordinairement les armoiries : un cheval entravé et une figure formée de huit points autour d'un point central.

## *Vitrine 5.*

*Partie plate.*

Pièces anciennes surdécorées par Miakawa Kosan, dit Makoudzou. Les poteries anciennes, sans décor, n'ayant pas trouvé d'abord en Europe un écoulement facile, Makoudzou imagina de les décorer de sujets humoristiques, qui en assurèrent tellement la vente que depuis, le goût des choses anciennes étant venu, on fabriqua de toutes pièces des objets nouveaux avec ce genre de décor.

Sur le devant un album déplié montre les différentes phases de la fabrication de la porcelaine, depuis le broyage des matières premières jusqu'au défournement des objets prêts à être mis en vente.

Porcelaines modernes d'Owari et de Mino.

*Partie verticale, à droite.*

*Terres cuites noires :* Une boîte et un petit vase en forme d'oiseau, exposés chacun sur un coussin, sont signés de la veuve Kôrën.

Porcelaines modernes d'Owari.

Fabrication connue sous le nom de Yédo-gawa.

*Partie verticale, à gauche.*

Trois verres à boire très minces, en porcelaine, décorés à Tokiô dans un atelier appelé Hiotiyen. Les kaolins de ces porcelaines viennent de la province d'Owari.

Figurines finement travaillées recouvertes d'un émail très doux au toucher, fabrication de Tokiô, province de Mousachi, et faïences de même provenance.

## Vitrine 6.

Produits de provenances et de dates diverses, mais *Partie verticale.* en général de fabrication inférieure, surtout remarquables par leur originalité. Quelques pièces sont fort anciennes. Faïences d'Iwami, Foujima, Idzoumo, Harima, Yamato et Owari.

Seconde partie de l'album de la fabrication de la *Partie plate.* porcelaine.

Faïences modernes de Kinkozan d'Awata.

Porcelaines, faïences et terres cuites de Mousachi (Tokiô) et d'Awadji.

Poteries grossières que, les jours de marché, on vend pour quelques sous, quoique leurs formes variées et leurs décors aient un certain caractère artistique.

Vases en porcelaine par Rokoubei de Kiomidzou *Au dessus de la* (faubourg de Kioto). *vitrine.*

Faucon sur un rocher, en grès de Bizen.

## Vitrine 8.

*Rayon du bas, à gauche.*

Terres cuites fabriquées à Kioto.

Objets fabriqués par Miakawa Kosan, surnommé 2°, 3° et 4° rayons. Makoudzou.

Makoudzou, potier qui vit encore, a fabriqué successivement tous les genres.

Dans la travée de droite (quatrième rayon) sont les pièces de sa première fabrication. Il arriva ensuite à imiter les Satsouma. A l'Exposition de 1878, il présenta des pièces en relief qui eurent un grand succès (travée de gauche).

Makoudzou a cherché récemment la fabrication des

grands feux, qui composaient surtout son envoi à l'Exposition de 1889 (deuxième rayon).

## *Vitrine* 9.

Porcelaines anciennes et modernes d'Owari. L'emploi du kaolin — l'élément constitutif de la porcelaine —, dont il existe des mines en Owari, date, dans cette province, du commencement de ce siècle. La qualité toute spéciale de ce kaolin permet d'exécuter des pièces d'une grande épaisseur, comme le grand plat et la jardinière qui sont au rayon du bas et la grande lanterne entre les fenêtres.

## *Vitrines* A *à* N.

Ces treize vitrines renferment une collection de 2.700 *Kôgôs*, ou boîtes à parfums, qui représentent à peu près toutes les provenance et tous les artistes anciens et modernes du Japon.

*Au milieu de la salle.*

Tô (Dagaba) en bronze, provenant du temple d'Eniti, province d'Omi, près de Kiôtô, où il a été consacré il y a près de deux cents ans. Les figures représentent les quatre émanations de Daï-Niti-Niôrai : Ashikou, Amida, Hoshô et Fokou-djô-Djou.

## *Vitrine* 12.

Céladons de différentes provenances, anciens et modernes. Quelques pièces pourraient appartenir à la fabrication chinoise, les céladons japonais présentant les mêmes variétés de décors que les céladons chinois.

Tous les grands vases sur socle et les plats au mur qui n'ont pas été déjà décrits sont en porcelaine de Hizen (Imari).

## Vitrine 13.

Fabrication dite de Banko.

Elle est ainsi nommée de ce que le fabricant de ces poteries, Gonzaémon, se servait pour les marquer du mot *Banko*, qui veut dire : « dix mille années ».

*Sur le rayon du bas*, sont généralement les produits *Partie vertical* anciens (fin XVIIIe siècle); sur les autres rayons, et *Travée de dro* dans la partie plate (derrière), les produits modernes.

*Deux rayons de la travée de gauche* montrent des *Travée de gau* faïences décorées de sujets européens et fabriquées d'après les procédés des Hollandais de Delft. L'inventeur des Banko fut renommé pour ce genre de fabrication.

Faïences à reliefs, attribuées à la province de Sa- *Partie plate.* nouki parmi lesquelles on remarquera les œuvres du potier Minzan.

Trois vases Banko. *Au dessus de l vitrine.*

## Vitrines 14 et 15.

Produits de la province de Kaga. Cette fabrication est plus généralement connue sous le nom de Koutani (neuf vallées), du nom de l'endroit où fut établi le premier four au XVIIe siècle, sur l'initiative du prince de cette province.

La *vitrine* 14 renferme les produits les plus anciens; *sur le rayon du bas*, plats décorés de vert, jaune, vio-

let et noir, attribués ordinairement au peintre Kou-
soumi Morikagué (école Kano).

La *vitrine* 15 présente les produits plus modernes
où dominent peu à peu les décors rouge et or, sur
faïence et sur porcelaine.

MAÉDA, PRINCE DE KAGA

## *Vitrine* 16.

**Partie verticale.**  La *partie verticale* est presque entièrement consacrée au faïences désignées sous le nom de Rakou. Ce
nom leur vient du cachet Rakou (joie), qu'elles portent généralement et qui fut donné à l'origine (fin
du XVIe siècle) au fils de l'inventeur de ces poteries
par Taïko-Sama.

**2e *rayon*.**  Les types de cette fabrication sont le bol noir et le
bol rouge, exposés sur leur étui de soie (travée de
droite).

**3e *rayon*.**  Spécimens de la fabrication de la province d'Idzou-
mi ou Minatô.

**Partie plate.**  *Sur le devant, dans la partie gauche et dans le petit
côté*, sont les produits fabriqués par Kenzan, un des

plus célèbres potiers du Japon, de la fin du XVII° siècle et du commencement du XVIII°. Les deux plateaux décorés de fleurs et le bol ajouré sont des œuvres remarquables de sa fabrication.

## *Vitrine* 17.

Faïences légères, actuellement fabriquées à Awata, faubourg de Kioto.

Des vases, une jardinière décorée d'éventails, une soupière, un plat signés Bishô-ken. *Travée de droite rayon du bas.*

Faïences crémeuses à fins décors de Taïzan, imitant la fabrication de Satsouma : les produits à fonds colorés, roses, bleus, jaunes, marrons, etc., furent fabriqués pour l'Exposition d'Amsterdam, après la visite que lui fit le fondateur du Musée et sur ses conseils. *2° et 3° rayons.*

Fabrication de Tanzan, dont on voit la photographie. *Travée de gauche 1er, 2e et 3° rayon.*

Les deux grands vases (*troisième rayon*) et les assiettes sont de sa première fabrication ; le reste a été fait pour l'Exposition d'Amsterdam, après la visite de M. Guimet.

Un vase, dont les réserves sont restées sans décor, présente à peu près le même fond que la jardinière qui est auprès. *Rayon du bas.*

*Le rayon entier du haut de la vitrine* montre la fabrication de Kin-Kozan : ancienne à droite, moderne à gauche. Au milieu, un vase non encor décoré et un vase décoré, mais qui n'a pas passé au feu du moufle.

Vase porcelaine, par Kosaï. *Au dessus de la vitrine.*

# *Vitrine* 18.

Fabrication de Kiomidzou, autre faubourg de Kioto, où l'on fait surtout des porcelaines et quelques faïences.

Les potiers les mieux connus et les plus estimés y sont représentés : Zoôrokou, Sitchibei, Rokoubei, Kanzan, Dohatchi, Kosaï, Kiteï, Mokoubéi, etc. ; des étiquettes montrent les produits de chacun d'eux.

C'est devant M. Guimet, et pour lui, que Rokoubei, d'un seul mouvement rectiligne du pouce, a fabriqué le bol doré exposé sur le rayon du bas (*partie verticale, travée de droite*).

Kosaï, qui jouissait déjà en 1876 d'une réputation méritée et dont il était fort jaloux, ne voulait travailler que pour les Japonais et refusa tout d'abord de rien vendre à M. Guimet; puis lorsqu'il apprit qu'il s'agissait de documents destinés à un Musée, il tint à honneur d'être représenté par toute une collection de ses œuvres qu'il choisit lui-même.

Au rayon du bas, derrière la vitrine, on peut remarquer cinq pièces anciennes, œuvre du grand-père de Dohatchi.

*ontre le pilast., à droite.* Grand plat (branche de prunier), fabriqué exprès pour M. Guimet, par Sitchibei, qui ne fait ordinairement que de toutes petites tasses.

*Au dessus de la vitrine.* Vase imitant la fabrication de la porcelaine de Bizen, par Dohatchi.

Théière, par Dohatchi.

Coupe porcelaine, sur socle imitant un rocher, par Kiteï.

## *Vitrine* 10.

Porcelaines, faïences et grès fabriqués par Yéirakou, potier du Kiôtò, qui a travaillé dans toutes les provinces du Japon, ce qui explique l'extrême variété de genres et de matières de ses productions.

## *Vitrine* 19.

Objets de provenances diverses et de différentes époques (voir les étiquettes) : faïences, grès, porcelaines.

## *Vitrine* 20.

Grès de la province de Bizen : vases, brûle-parfums et surtout statuettes d'animaux et de personnages. C'est parmi les pièces de cette fabrication qu'ont été

IKÉDA, PRINCE DE BIZEN

recrutées bon nombre de divinités placées dans la salle des religions japonaises. Nous retrouvons cependant dans la vitrine : Dharma, Shôki, le poète Hitomarou,

Djou-Rô-djin sur son cerf, Mondjou sur son lion, etc.

Les animaux sont généralement rendus avec vérité et une certaine intensité d'expression.

Grès de Bizen : Hotei.



## *Vitrine 21.*

Porcelaines anciennes, à décor bleu, sous couverte, de la province de Hizen.

La fabrication de la porcelaine au Japon date du commencement du XVIe siècle. C'est un Japonais nommé Gorodayu Shonsui qui l'importa dans la province de Hizen après avoir été apprendre cette industrie en Chine. Shonsui et ses deux élèves Gorohatchi

NABÉSHIMA, PRINCE DE HIZEN

et Goroshitchi ont décoré leurs produits en bleu sous couverte, mais ils ne paraissent avoir employé, dans leur fabrication, que des matériaux apportés de Chine par Shonsui et qui furent vite épuisés. Il fallut qu'au commencement du siècle suivant un Coréen, ramené à la suite des armées de Taïko, découvrît les mines de kaolin de l'Idzoumiyama, pour que la porcelaine prît une grande importance industrielle. Cette importance s'accrut encore lorsque les Japonais eurent appris des Chinois, vers 1647, l'emploi des émaux dans la décoration.

Vases en porcelaine blanche : à droite, par Rokoubei ; à gauche par Sitchibei. *Au dessus de vitrine.*

## *Vitrine* 22.

Porcelaines de même provenance, parmi lesquelles sont à remarquer les bouquets de fleurs, rappelant ceux que les jeunes filles apprennent à composer pour les différentes personnes que leurs parents sont appelés à recevoir.

## *Vitrine* 23.

Porcelaines de Hizen. Un bol et une assiette, aux bords festonnés, dont la forme rappelle la fleur de chrysanthème, et un autre bol, aux bords échancrés, décoré, en émaux, de légères branches fleuries sur le fond blanc mat de la couverte, sont attribués à un fabricant de Hizen, nommé Kakiyémon (XVIIe siècle).

Ces décors ont été imités à Chantilly et en Saxe.

## *Vitrine* 23 *bis.*

Porcelaines de Hizen et statuette de grès de Kishiou, don de M. Fraudon.

## Vitrine 24.

Porcelaines de Hizen, fabriquées pour les Japonais, la plupart anciennes.

## Vitrine 25.

Même porcelaine, dont les plus grandes pièces, sous le nom de vieux Japon, faisaient partie des importations des Hollandais et des Portugais, par Macao, au XVII° et au XVIII° siècle.

A signaler une aiguière et sa coquille, de style italien, ainsi que de grands plats très décoratifs; comme vieille qualité, la statuette de femme et deux bouteilles à Saké (*premier rayon, travée à gauche*), sur des coussins.

## Vitrine 26.

### (*Au centre de la galerie.*)

Porcelaines de Hizen de fabrication moderne connues, surtout sous les noms d'Imari et de Nagasaki les deux ports d'où on les expédiait en Europe.

Les grands vases qui décorent la salle sont de la même provenance.

## Vitrines 27 et 28.

Fabrication ancienne de Kiotô, contemporaine ou postérieure à Ninsei, le potier le plus célèbre et le plus copié avec Kensan.

C'est Ninsei qui, au milieu du XVIIe siècle, introduisit à Kiotô la décoration en bleu, vert, rouge et or,
et fit faire les plus grands progrès à la fabrication, soit
par ses propres œuvres, soit en enseignant lui-même
ses procédés.

Grand vase en porcelaine non passée en couverte *A gauche de la*
(biscuit).                                        *vitrine* 28.

## *Vitrine* 29.

Porcelaines de la province de Hizen, sortant des
fabriques princières de Mikawadji (appartenant au
prince de Hirâto). d'Okawadji (appartenant au prince
de Nabéshima), et de Matsougatami qui dépendait de
la même famille.

MATSOU-OURA, PRINCE DE HIRATO

Les produits de ces fabriques, exclusivement réser-
vés à leurs propriétaires, servaient pour leur usage
ou pour faire des cadeaux aux autres seigneurs. Ils
sont d'une fabrication remarquable. Ces porcelaines,
blanches ou décorées en bleu sous émail, parfois dis-

crètement relevées de couleurs de moufle, peuvent lutter, comme perfection, avec les meilleurs produits chinois, et, à notre avis, les surpassent quelquefois par le charme des décors et la douceur des bleus.

*gauche de la vitrine.* Grand vase en porcelaine de Kishiou.

## *Vitrine 30.*

*avée de droite, et 2e rayons.* Grès de Bizen, gris-bleu, ardoise et blanc, qui constituent un genre assez rare de la fabrication de cette province.

Lorsque Yéirakou se fut rendu célèbre comme potier, le prince de Kishiou le fit venir et lui donna la direction des fours qu'il avait fait construire dans les jardins de son palais. Yéirakou fabriqua pour lui des

HOSSOKAWA, PRINCE DE HIGÔ

produits à émaux, violets, bleus et jaunes (*deuxième, quatrième* et *cinquième rayons*). Ces produits sont désignés sous le nom de Oniva-Yaki (fabriqués dans le jardin) de Kishiou.

*vée de gauche, rayon du bas.* Produits de la province de Satsouma et de Higô, abriqués, soit par les Coréens, ramenés au Japon par les généraux de Taïko à la fin du XIV<sup>e</sup> siècle, soit par leurs descendants.

Le brûle-parfum du milieu, ainsi que les deux potiches au-dessus de la vitrine, montrent un décor largement tracé en brun sur fond blanc ; les autres pièces, bols, bouteilles, théières, vases à eau, ont un décor obtenu par de l'argile blanche incrustée sous la glaçure, ou par de l'argile noire incrustée dans la terre blanche.

Les autres rayons de cette travée sont occupés par des figurines en grès, généralement fabriquées à Takatori, province de Chikouzen ; elles se distinguent par leur vernis brillant, épais, de nuances variées. Certains groupes, comme la lutte de l'aigle et du singe, ont une grande énergie.

# *Vitrine 31.*

Faïences de Satsouma à fond crémeux, finement craquelées et à légers décors or ou polychromes, très délicatement exécutés dans des tons doux, et dont la première fabrication, due à l'initiative du prince de Satsouma, remonte à la fin du siècle dernier.

A signaler : Un bol, représentant une grue, ailes déployées sur le disque du soleil dont les rayons lumineux sont, par places, rompus par des branches fleuries de chrysanthème festonnant les bords de la tasse.

Un vase à la panse ovoïde, au col élancé, orné

d'anses avec de fins rinceaux fleuris qui enguirlan-
dent discrètement sa surface.

*3e rayon*.      Série de bols.

Ces produits ont été très imités au Japon, il y a
quelques années, et particulièrement à Kiôtô et à Yokohama. Nous avons placé, sur le troisième rayon,
travée de gauche, une théière et un bol, décorés
d'une procession de renards, attribués précisément à

SHIMADZOU, PRINCE DE SATSOUMA

Makoudzou. L'extrême délicatesse de l'exécution
nous a décidés à les rapprocher des produits de Satsouma.

On voit, en résumé, qu'au Japon, tout le monde
s'intéresse à l'art du potier. Il y a des céramistes ama-
teurs. Les princes ont des fours dans leurs jardins. A
part les usines de Tôkiô, Yokohama, Nagoya et Nagasaki, dont les productions s'adressent à l'Europe,
tous les potiers font œuvres d'artistes, même pour
les objets les plus grossiers, et chaque fabricant donne

à ses produits un caractère original, personnel, d'un sentiment toujours distingué.

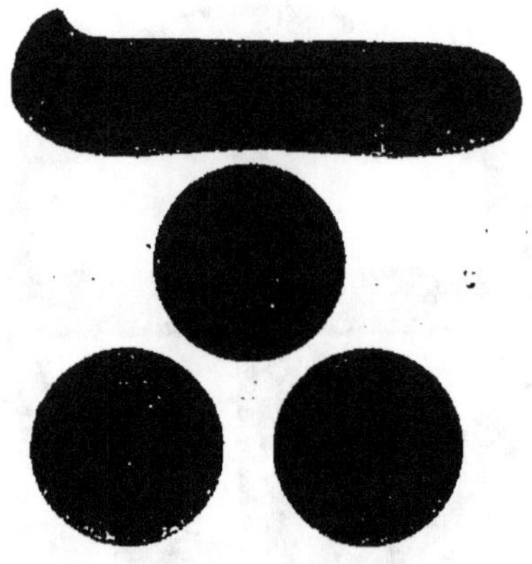

MOÔRI, PRINCE DE NAGATÔ

# COUR-JARDIN

Linga, en granit, symbole sous lequel le dieu Çiva est le plus souvent représenté. — Inde française.

Porte orientale du tumulus de Santchi (Inde Occidentale). Cette porte, le plus ancien monument bouddhique que l'on connaisse, est un type remarquable de l'art indien du deuxième ou du premier siècle avant notre ère (moulage offert par le Gouvernement anglais).

# GALERIE SUR COUR

## MONUMENTS DU SIAM ET DU CAMBODGE

### PREMIÈRE SALLE

Bouddha-pâda, ou Empreinte du Pied sacré du *Dans la salle.*
Bouddha, pierre sculptée.

Bouddha-pâda du Wât Jaï de Soukhodayâ (moulage).

Bouddha-pâda de Pak-nam-pho (moulage).

Bouddha-pâda du Wât Vang-nâ à Bangkok (moulage).

Bouddha-pâda du Wât Cheng à Bangkok (moulage).

Moulages d'inscriptions khmères, pâlies et thaïes de Xieng-sen, Phra-Pathom, Luang-Prabang, Soukhodayâ, etc.

Moulage d'une statue de Ganéça.

Plans de divers temples des anciennes capitales rui- *Entre les fenêtres* nées du Siam.

### DEUXIÈME SALLE

Réduction au dixième de la porte de la citadelle *Au milieu.* d'Angkhor-Thom (Cambodge).

Fragments de sculptures en grès.

Vases funéraires en terre cuite.

*Au mur.*    Cortège royal de la grande galerie d'Angkhor-Wât (moulage). La série de ces panneaux se continue tout le tour de la galerie.

## TROISIÈME SALLE

*Dans la salle.*    Statues en grès provenant du temple d'Angkhor-Wât et représentant des divinités brâhmaniques.

*Au milieu.*    Grande statue de grès représentant *Hari-Hara*, ou les dieux Vichnou et Çiva réunis dans un seul corps.

*Au mur.*    Moulage d'un bas-relief du temple d'Angkhor-Wât représentant les Supplices de l'Enfer.

## SALLE RONDE

Éléphant (moulage) chargé de son haouda (Siam).

Char sacré servant à la promenade processionnelle des divinités (Inde).

Dans cette salle, s'ouvre un escalier de dégagement qui dessert le premier et le second étages.

MONDJOU

Bois sculpté japonais du xvᵉ siècle.

FOUGUEN

Bois sculpté japonais du XVᵉ siècle.

# PREMIER ÉTAGE

## VESTIBULE

Statues japonaises, bois sculpté du XVe siècle : *De chaque c*
MONDJOU, sur un lion; FOUGUÉN, sur un éléphant. *de l'entrée d*
Ce sont les deux principaux acolytes du Bouddha *Bibliothèq*
Çâkya-Mouni. Le premier est devenu le dieu de la
science.

Deux Tô, chapelles à reliques, bois doré et laqué
du Japon.

## BIBLIOTHÈQUE

Le Bouddha AMIDA dans l'attitude de l'enseigne- *Au dessus de*
ment (bois doré japonais, du XVIIe siècle), entre deux *travée centra*
autres figures de la même divinité.

## SALLE N° 7

### RELIGION DES PARSIS OU GUÈBRES

*ontre le mur.*    Parsi en prière, à Bombay. — Les Parsis ou Guèbres (adorateurs du feu) ont des temples où brûle le feu éternel, emblème de Dieu; mais ils préfèrent prier au bord de la mer.

La Tour du Silence, à Bombay (Inde). C'est là que les Parsis donnent leurs cadavres à dévorer aux vautours. — *Peinture: de Félix Régamey.*

Modèle en bois d'une Tour du Silence.

*ans la salle.*    Groupe composé d'un Dastour, d'un Mobed, (prêtres mazdéens), d'un homme et d'une femme parsis procédant à la cérémonie du Yaçna, offrandes au feu sacré.

Ces objets ont été donnés au Musée par des Parsis de Bombay.

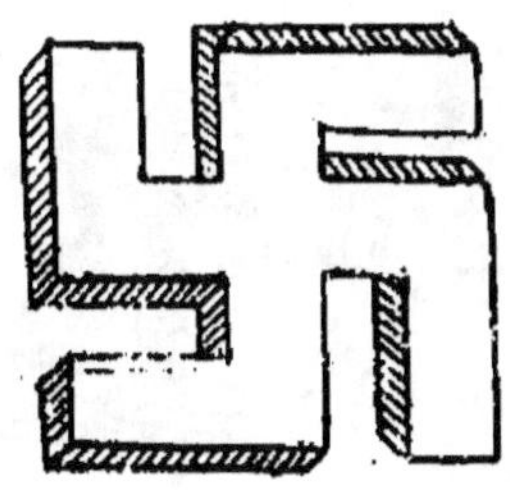

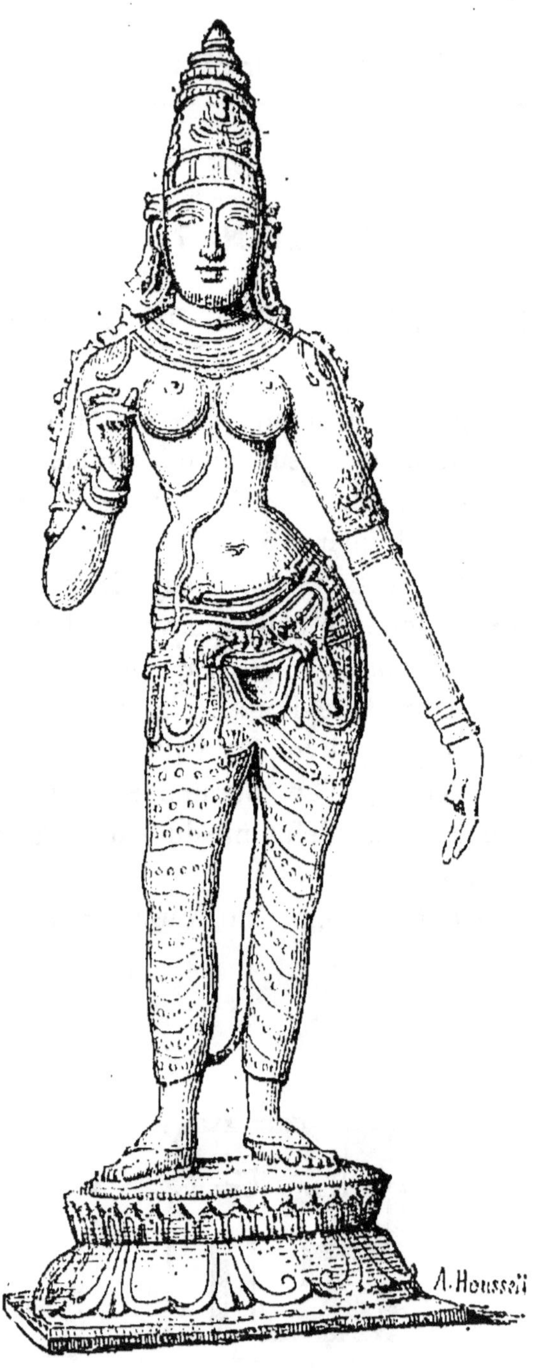



LᴀᴋᴄʜᴍÍ ou Çʀí

Déesse de la fortune.
Bronze ancien.

# GALERIE D'IÉNA

## PREMIÈRE SALLE

## INDE

## BRÂHMANISME

Le Védisme et le Brâhmanisme n'ayant point laissé de monuments, tous les objets réunis dans cette salle appartiennent au Brâhmanisme sectaire ou Indouisme.

*milieu de la salle.* Statue de bronze ancien représentant LAKCHMÎ (*sansk.* Laksmî) ou ÇRÎ, épouse du dieu Vichnou, déesse de la beauté et de la fortune.

Autre statue de LAKCHMÎ en basalte.

BRAHMÀ, assis, tenant une conque, un chapelet et le vase d'*amrita* (amrta).

KARTTIKÉYA ou SKANDA,
Dieu de la guerre,
Statue indienne en granit.

Très belle statue de basalte noir : VICHNOU (*Visnu*), les pieds appuyés contre un lotus épanoui, couché sur le serpent Çécha (*Çésa*), flottant sur l'océan chaotique avant la naissance de Brahmà et la création du monde.

Sur le socle de cette statue sont fixées douze peintures sur talc représentant : 1° ÇIVA, assis, tenant PÂRVATÎ sur ses genoux ; 2° ÇIVA, armé d'un glaive et d'un bouclier ; 3° DOURGÀ (Durgâ), déesse de la destruction, épouse de Çiva, au corps vert, à douze bras armés de toutes sortes d'armes, terrassant et perçant de son trident le démon *Mahichàsoura* (Mahisâsura) ; 4° RÂVANA, roi de Lañkà, avec dix têtes et vingt bras armés ; 5° ÇIVA, à cinq têtes, armé du sabre et du bouclier ; 6° AGNI, dieu du feu, au corps rouge, vêtu d'une peau de tigre et tenant en main un chapelet ; 7° VICHNOU, à quatre bras, tenant la conque et le disque, debout au centre de deux carrés se coupant en forme d'étoile ; 8° KALKÎ, future incarnation de Vichnou, au corps vert, à tête de cheval, armé du bouclier et de l'épée ; 9° RÂMA-TCHANDRA (*Râma-candra*), au corps vert, tirant de l'arc ; 10° LAKSHMANA (Laksmana) frère de Râma, tirant de l'arc ; 11° ARDHA-NARÎ ou Çiva moitié homme et moitié femme ; 12° Personnage armé d'un poignard, d'un arc et d'une massue.

Statue de granit gris : KARTTIKÉYA, dieu de la guerre, fils de Çiva, armé de la foudre, ou *vadjra* (vajra), et d'une épée, appuyé contre un paon.

Trois fragments de char provenant du temple de Çriringham :

ÇIVA, à six bras, portant le daim et la massue, accompagné d'un personnage à tête d'animal.

PÂRVATÎ, déesse de la terre, épouse de Çiva, à quatre bras, tenant la massue, le disque et un objet

indéterminable, debout entre deux femmes armées de
chasse-mouches.

PÂRVATÎ

Déesse de la terre.
Char de Çrîringham.

Çiva, assis, avec Pârvatî sur son genou, sur un trône au pied duquel se tient un personnage à gros ventre armé d'une massue. Çiva a quatre bras et porte le daim et la massue.

Trois fragments de char : Vichnou, en très mauvais état, n'ayant plus que des morceaux de deux de ses attributs.

Lakchmî, amputée des deux bras.

Râma-Tchandra, sur les épaules d'un Râkchasa, accompagné d'un singe, d'un ours et de deux musiciens.

Lakchmî, à quatre bras, statue de granit gris.

Bayadère du temple de Madourâ dansant devant le dieu. — *Peinture de Félix Régamey.*

Pârvatî, adorant le linga, fragment de bas-relief en grès provenant de Bénarès.

## *Vitrine* 1.

### DIEUX VÉDIQUES
### BRAHMÂ ET SARASVATÎ. — RICHIS.

Le fond de cette vitrine (de même que des vitrines 2 à 13) est tapissé de bois sculptés, fragments de chars sacrés servant à la promenade des dieux. Ces bois représentent des divinités, des héros et des scènes de la légende religieuse ou des grands poèmes épiques, le Râmâyana et le Mahâbhârata.

*yon du bas.* Fragment de char représentant Indra, armé d'une hache et assis sur un éléphant. Indra est l'ancien dieu védique du ciel et de l'atmosphère qui, armé de la foudre, déchire les nuages et en fait couler la pluie fécondante. C'est aussi un dieu guerrier, protecteur des Aryas.

BRÂHMANE ET BRÂHMINE

En tenue de sacrifice.

Fragment de char : AGNI, dieu du feu, à deux têtes (feu domestique et feu du sacrifice) et quatre bras. Il tient deux éventails pour activer le feu et s'appuie contre un bélier, sa monture habituelle. C'est Agni qui porte aux dieux, sur ses flammes et avec sa fumée, les sacrifices et les prières des hommes.

Autre morceau de char : AGNI, monté sur un bélier qui est attaché par une guirlande de fleurs à un linga, d'où sort le dieu Çiva. C'est une scène d'*adoration du Linga*.

Fragment de char : SOMA, dieu de la lune, à quatre bras, armé d'un arc et d'une flèche, monté sur une antilope. — Soma est l'ancien dieu védique du sacrifice, personnification de la liqueur fermentée *soma*, que l'on répandait sur le feu naissant pour lui donner plus de vigueur. Il est devenu le dieu de la lune. On lui donne pour épouses les vingt-sept filles du richi Dakcha (les vingt-sept astérismes lunaires). Les alternatives d'éclat et de pâleur de la lune sont dues à une maladie de langueur du dieu Soma causée par la malédiction de Dakcha, furieux de voir son gendre, trop amoureux de la quatrième de ses filles, *Rohini*, négliger toutes les autres pour elle.

OUCHAS (*Usas*), déesse de l'Aurore, debout sur un char, armée d'un arc et d'une flèche. On la dit tantôt fille et tantôt femme de Soûrya. — Char de Çrîringham.

SOURYA (*Sûrya*), nommé aussi SAVITAR et SAVITRI, dieu du soleil. Il est debout sur un char flanqué de deux chevaux cabrés et tire une flèche ; régulièrement son char doit être attelé de sept chevaux blancs ou rouges. — Panneau de bois noir sculpté.

Morceaux de char, représentant des *Brâhmanes* et des *Brâhmines*, en tenue de sacrifice. Le brâhmane

BRAHMÂ, A CINQ TÊTES
Char de Karikal.

ne doit célébrer le sacrifice qu'accompagné de sa femme; s'il devient veuf, il ne peut plus sacrifier jusqu'à ce qu'il se soit remarié. Pendant tout le temps que durent les prières et les offrandes au feu du sacrifice (*Agni*), la femme doit se tenir la main droite appuyée sur l'épaule droite de son mari, attitude très bien indiquée dans un fragment de char (au bout du rayon) qui représente Çiva portant le serpent, la massue et le daim, avec, à sa droite, Pârvatî, la main posée sur son épaule droite.

Fragment de char : Ardjouna (Arjuna), fils d'Indra, le héros du Mahâbhârata protégé de Krichna, tenant un arc et une flèche, debout, le pied gauche sur un char.

Brahmâ, à quatre têtes et quatre bras, debout et appuyé contre un cygne ou une oie. — Brahmâ est le dieu créateur du monde, la première personne de la trinité ou *Trimourti*; mais il ne reçoit plus de culte et est toujours considéré comme une *émanation* de Vichnou ou de Çiva. — Char de Karikal.

Statuette de bois : Brahmâ, à quatre têtes et quatre bras, debout, tenant le disque et la massue.

Statuette, bois peint, moderne : Brahmâ, à quatre têtes et quatre bras, assis sur le cygne ou l'oie, *Hansa*, sa monture ordinaire.

Fragments de char représentant deux Kinnaras, musiciens à tête de cheval du paradis de Kouvéra (dieu de la richesse), et un Gandharva, musicien du Svarga.

Statuettes des Pantchayatana, ou cinq divinités du foyer domestique, savoir : Vichnou, Çiva, Soûrya, Pârvatî et Ganéça. Ces cinq divinités se disposent en groupes que chacune d'elles préside à son tour.

Deux fragments de char représentent Sarasvatî ou *3e rayon.*
Vatch (*Vâc*), fille et épouse de Brahmâ, déesse de la
parole, de la science et de la rivière du même nom,
assise sur un paon, et tenant un disque et un objet
brisé, probablement une conque.

Statuettes en grès de Sarasvatî assise sur le paon.

Déesses et apsaras en bronze.

Fragment de char : Brahmâ, à quatre têtes et quatre bras, le bas du corps finissant en carapace de tortue. Il porte la conque et le disque. — Il devrait avoir
cinq têtes ; mais un jour qu'il s'était permis de mal
parler de Çiva, ce dieu, furieux, lui lança un regard
si ardent que la cinquième tête de Brahmâ fut réduite
en cendres. La carapace de tortue rappelle la légende
de Brahmâ prenant la forme de cet animal pour créer
le sacrifice. — A droite et à gauche du dieu se tiennent deux musiciens : l'un, à tête d'homme, est un
*Gandharva* ; l'autre, à tête de cheval, est un *Kinnara*.

Fragments de chars représentant diverses divinités *4e rayon.*
brâhmaniques.

Deux statues de bronze représentant des musiciens *Au dessus de*
célestes. Celui de droite a une tête de cheval ; c'est un *vitrine.*
*Kinnara*, musicien du paradis de Kouvéra (Kuvera),
dieu des richesses. Celui de gauche, à tête d'homme,
est un *Gandharva*, musicien du *Svarga*, paradis d'Indra, demeure des héros.

Peinture javanaise, sur coton, représentant l'assaut
donné à la ville de Lankâ (Ceylan) par les troupes
des singes et des ours, alliés du dieu Râma.

## *Vitrine* 2.

### VICHNOU ET LAKCHMI

*Rayon du bas.*      Statuettes de bronze, images de VICHNOU (*Visnu*) sous sa forme divine. Vichnou est une ancienne divinité solaire (le mythe des *Trois pas* de Vichnou dans le *Rig-Véda*). Dieu suprême des Vichnouites (une des deux grandes sectes brâhmaniques), seconde personne de la Trimourti, il est créateur, conservateur et destructeur du monde, âme universelle, présent en tout et partout, omnipotent, omniscient, protecteur du sacrifice. Il a quatre bras. Ses attributs habituels sont : la conque, le disque (soleil ou foudre, suivant les circonstances), la massue, la fleur de lotus, et, quelquefois, l'arc et le sabre. On le représente, tantôt debout sur un lotus, tantôt couché sur le serpent *Çécha* (*Çésa*) ou *Ananta*, symbole de l'infini, roi des serpents Nâgas, tantôt assis sur un lotus, sur un trône, ou sur un char traîné par l'homme-oiseau *Garouda*, ou porté sur les épaules de cet être fantastique. Assis, il a presque toujours à ses côtés son épouse Lakchmi. Debout, il est souvent entre les deux déesses Lakchmî et Satyabhâmâ. Le plus souvent le serpent Çécha lui fait une sorte de dais avec ses sept têtes.

*A remarquer* : Trois grandes statues de bronze antique représentant VICHNOU, LAKCHMI et SATYABHÂMÂ, trouvées à *Tirouband* dans l'Inde française.

VICHNOU, dansant dans une attitude qui est habituellement réservée à Çiva. — Fragment de char.

*2° rayon.*      Morceaux de char : LAKCHMÎ, à deux et à quatre bras.

VICHNOU

Bronze.

VICHNOU ARDHA-NARI, moitié homme et moitié femme. Cette image est habituellement celle de *Çiva Ardha-nari*, et ce pourrait bien être par une erreur du sculpteur que les attributs de Vichnou lui auraient été donnés ; le taureau qui l'accompagne semble appuyer cette hypothèse.

VICHNOU, assis entre LAKCHMÎ et un RICHI barbu qui pourrait bien être Brahmâ, accompagnés de serviteurs et d'adorateurs parmi lesquels figure un singe.

Deux fragments de char : KÂMA, dieu de l'amour, à cheval sur un perroquet et tirant de l'arc. Sa flèche est armée d'une fleur de lotus en guise de fer. Kâma est fils de Vichnou et de Lakchmî. Quelquefois aussi on le dit le premier né des dieux.

Nombreuses statuettes de bronze et de grès de LAKCHMÎ et de SATYABHÂMÂ (cette dernière, incarnation de Lakchmî et femme de Krichna, se reconnaît parce qu'elle tient le lotus de la main gauche). Comme Aphrodite, Lakchmî est née de l'écume de l'océan. Elle devrait avoir quatre bras, symboles de sa puissance, mais on ne lui en donne habituellement que deux, par raison d'esthétique. Une de nos statuettes la représente cependant avec quatre bras et tenant deux lotus. On assimile aussi Lakchmî aux déesses de la terre, ainsi que le montre une statue de bois, placée au milieu du rayon, qui tient une gerbe d'épis dans la main gauche et un anneau ou un chapelet dans la droite.

Statuettes de bronze : LAKCHMÎ, tenant Kâma sur ses genoux.

*3e rayon.*    Fragments de chars : Images diverses de Lakchmî et de Vichnou.

Incinération d'une femme à Bombay. — *Peinture de* *Au dessus de la*
*Félix Régamey.* *vitrine.*

# *Vitrine 3.*

## AVATARS DE VICHNOU. — KRICHNA

VICHNOU a été souvent obligé de descendre sur la *Rayon du bas.*
terre, sous une forme matérielle, pour protéger le
monde et les hommes. Ces incarnations ont reçu le
nom d'*Avatârs* (avatâra, « descente »). Il y en a dix
principaux :

1° Incarnation en poisson, MATSYA, pour sauver
du déluge Manou, le père du genre humain (corps
d'homme terminé par une queue de poisson) ;

2° En tortue, KOÛRMA (Kûrma), pour servir de base
au mont Mérou lorsque les dieux baratèrent l'océan
(corps d'homme se terminant en carapace de tortue) ;

3° En sanglier, VARÂHA, pour retirer la terre du
fond de l'abîme des eaux et tuer le démon Hira-
nyaksha (homme à tête de sanglier) ;

4° En homme-lion, NARA-SIMHA, afin de détruire
Hiranya-Kaçipou, roi des démons Daityas, qui avait
obtenu de Brahmâ le privilège d'être invulnérable pour
les dieux, les hommes et les animaux ; aussi Vichnou
est-il obligé pour en venir à bout de prendre une forme
qui réunisse le dieu, l'homme et l'animal (homme à
tête de lion) ;

5° En nain, VAMANA, pour ravir l'empire de l'univers à Bali, roi des Daityas, qui avait conquis les trois
mondes et menaçait le pouvoir des dieux ;

6º En PARAÇOU-RÂMA (Paraçu-Râma), Râma à la hache, pour détruire la race des Kchatriyas révoltés contre les Brâhmanes ;

7º En RÂMA-TCHANDRA (Râma-Candra), pour détruire les démons Râkchasas (ogres) de Ceylan ;

8º En KRICHNA (*Krsna*), pour délivrer l'Inde de la tyrannie du roi Kamça (voir deuxième rayon), ou bien — quand Krichna est considéré, non comme une incarnation, mais comme une véritable manifestation divine — en BALA-RÂMA, frère et compagnon d'aventures de Krichna ;

9º En BOUDDHA, pour hâter la ruine des impies en les incitant à mépriser les Védas et les dieux et à négliger le sacrifice (*manque*) ;

10º En cheval blanc, KALKÎ ou KALKÎN, pour détruire le monde, quand le mal sera venu à son comble, et le reconstituer de nouveau.

*Au fond* : Fragment de char : VICHNOU-NARASIMHA, à tête de lion et à huit bras, armé de la conque et du disque, déchirant avec ses ongles le corps d'Hiranya-Kaçipou.

Fragment de char : RÂMA-TCHANDRA, entouré de serviteurs, d'ours et de singes.

Beau bas-relief de basalte représentant BALA-RÂMA, à quatre bras, debout entre deux apsaras.

2º *rayon.*   RÂMA-TCHANDRA (*Râma-Candra*), tirant de l'arc, porté par Hanouman, le dieu-singe ; joli bois noir sculpté.

Fragment de char : BALA-RÂMA, à quatre bras, armé du coutre de charrue et de la massue, et appuyé contre un lion à tête d'éléphant.

KRICHNA-GOVINDA (*Krsna-Govinda*, ou berger), jouant de la flûte et entouré de vaches et de veaux. — Fragment de char.

VICHNOU-NARASIMHA

Fragment de char.

Radhâ, déesse de l'amour, maîtresse préférée de Krichna, debout sur un éléphant et tenant un perroquet sur son poing gauche. — Char de Karikal.

Figurines de bronze, de cuivre et de pierre représentant Krichna (*Krsna*) sous ses différentes formes.

Krichna enfant, dans un panier ou un van, porté par Vasoudéva, son père, de l'autre côté de la rivière Yamounâ (Jumnâ), pour échapper au massacre des enfants mâles ordonné par le tyran Kamça. Légende qui rappelle la Fuite en Égypte et le massacre des Innocents.

Krichna allaité par sa mère Dévakî.

Krichna enfant (*Krsna-Gopala*), se livrant à divers jeux ou terrassant le serpent Kâliya, qui désolait les bords de la Yamounâ (mythe d'Héraclès). — A remarquer : joli bronze de type indo-grec trouvé à Mathourâ.

Statuettes représentant Krichna-Govinda, jouant de la flûte en gardant les troupeaux du berger Nanda (Apollon chez Admète et Orphée). Au premier rang se trouve un curieux bronze, très ancien, enrichi de rubis. Au fond, figure informe, en carton peint, de Krichna-Djagannatha, image de la célèbre statue de pierre du temple de Djagannâtha (vulgairement, Djagernaut), sculptée par le dieu Viçvakarman, l'Héphaïstos indou, à la requête du roi Indra-dyoumna, pour le tombeau de Krichna, tué par un chasseur. Cette statue resta inachevée par suite de la curiosité indiscrète du roi, qui voulut la voir avant qu'elle fût terminée. Néanmoins, Brahmâ lui donna une âme et des yeux. Légende évidemment faite après coup pour expliquer la grossièreté de l'image.

*3° rayon.*    Fragments de char représentant diverses formes de Vichnou.

KRICHNA-GOVINDA

Statuette de bronze, incrustée de rubis.

Mohini, métamorphose de Vichnou en femme pour séduire les *Dailyas*, démons ennemis des dieux, et leur reprendre l'*Amrita* (amṛta. « breuvage d'immortalité, *ambroisie* ») dont ils s'étaient emparés. — Char de Çrîringham.

Images diverses de Krichna en bronze et en grès.

*u dessus de la vitrine.* Intérieur du temple çivaïste de Poûna. — *Peinture de Félix Régamey.*

## *Vitrine* 4.

### ÇIVA ET SES ÇAKTÎS

*Partie droite, rayon du bas.* Fragment de char : Çiva et Pârvatî, assis sur le taureau Nandi. Çiva a quatre bras et porte le daim et la massue. Devant le taureau, trois personnages. — Çiva, troisième personne de la Trinité indoue, personnifie le principe destructeur de la nature. Pour ses adorateurs, les *Çivaïtes*, il est le dieu suprême, créateur du monde, âme universelle ; il guérit tous les maux ; il efface les péchés ; tous les dieux, même Vichnou et Brahmâ, sont des émanations de lui. On lui donne habituellement les noms de *Mahâ-dêva*, « le grand dieu », de *Bhaïrava*, « le terrible », et de *Mahâ-Kâla*, « le Grand Temps ».

Çiva, à quatre bras, portant un daim et une massue, assis sous une arcade flamboyante. — Beau bronze ancien.

Çiva et Pârvatî, sur le taureau Nandi ; statuette de grès.

Vîra-bhadra, à quatre bras, armé d'un arc, d'une flèche, d'un sabre et d'un bouclier ; debout, à gauche,

ÇIVA ET PÀRVATÎ
Fragment de char.

6.

Dakcha (*Daksa*) à tête de bélier. Forme prise par Çiva pour détruire le sacrifice offert à tous les dieux par le richi (*rsi*) Dakcha, qui l'avait volontairement oublié. Vira-bhadra massacra les assistants, dispersa les dieux et trancha la tête de Dakcha, qui fut consumée dans le feu du sacrifice. Cependant, à la prière de sa femme Sâtî, fille de Dakcha, Çiva lui rendit la vie en remplaçant sa tête brûlée par celle d'un bélier. — Bronze ancien.

LINGAS, symboles de Çiva en tant que dieu de la génération, en bronze, en marbre et en pierre.

*2ᵉ rayon.* ÇIVA-PANTCHAMOUKHA (*Panca-mukha*), ou « à cinq visages », forme la plus habituelle de Çiva. Il a dix mains armées de ses attributs ordinaires. — Fragment de char.

ÇIVA à tête de taureau. — Char de Çrîringham.

VÎRA-BHADRA : jolie figurine en cuivre doré.

Deux plaques de bronze, paraissant très anciennes à leur usure, représentent ce même personnage.

KANDARAO et MALSARA, ou *Çiva* et *Pârvatî* représentés sous la forme d'un guerrier à cheval avec une femme en croupe, dans une série de figurines de cuivre très usées d'un aspect tout à fait archaïque.

*artie gauche.* Les ÇAKTÎS DE ÇIVA. — La ÇAKTÎ est l'énergie agissante de la divinité que l'on représente sous la forme de déesses. Ce terme s'emploie maintenant exclusivement pour les énergies dont on a fait les épouses de Çiva. Il y a un grand nombre de ces Çaktîs, mais elles se ramènent généralement aux sept types principaux des épouses de Çiva, personnifications des forces de la nature. Le culte des Çaktis a pris un tel développement qu'il remplace presque partout celui du dieu lui-même.

Pârvatî, à huit bras, coiffée d'une couronne de plumes. — Char de Karikal.

Kâlî, « la Noire », à huit bras armés. — Char de Çrîringham.

Peinture sur toile : Pârvatî, assise sur un lion blanc. Elle a quatre bras armés d'un arc, d'une flèche, de la conque et du disque.

Statuette, terre cuite peinte ; Prithivî, déesse de la terre (se confond avec Pârvatî), aussi épouse de Çiva. Elle a quatre bras et le corps vert. Une femme est à genoux à côté d'elle.

Plaque de terre cuite peinte. Prithivî, à quatre bras, debout sur un tigre qui tient un serpent dans sa gueule.

Pârvatî, à quatre bras, la tête surmontée d'un linga. — Bronze.

Dêvî, « Déesse », nom collectif des épouses de Çiva, assise sur un lotus entre deux éléphants. — Marbre peint.

Ardha-narî, « moitié femme », image du Çiva androgyne, homme du côté droit, femme du côté gauche. Il est appuyé contre un taureau et un paon. — Fragment de char.

Figurine de terre cuite peinte : Kâlî (une des formes de Pârvatî et Prithivî), déesse de la destruction, au corps bleu, à quatre bras, tenant un sabre et une tête coupée. Elle a autour du cou un collier de têtes humaines et foule aux pieds un guerrier terrassé.

Statuette de bronze sur un socle carré en bois sculpté : Kâlî, à quatre bras, assise sur un lotus.

Mahâ-Kâlî, «la Grande Kâlî », déesse à figure horrible, tirant la langue, coiffée de serpents, les mamelles pendantes et les doigts armés de griffes.—Bronze.

Groupe en ivoire : DOURGÂ (*Durgâ*), à dix bras, armée
du disque, du harpon, du trident, du sabre, d'une flèche,

DOURGÂ VICTORIEUSE
Groupe d'ivoire (No 2264).

d'un arc, d'un bouclier, d'un lacet, d'une sonnette et

d'un poignard, coiffée d'une couronne de plumes. Son pied droit repose sur le dos d'un tigre qui enfonce ses griffes dans le poitrail d'un buffle décapité, d'où sort, sabre en main, le géant Mahichâsoura. A droite, Skanda sur un paon; à gauche, Ganéça sur son rat. De chaque côté, une femme : l'une tenant des fleurs, l'autre une mandoline. — Cette scène est fréquemment reproduite. C'est le fait le plus important de la légende de Dourgâ.

Autres images de DOURGA et de KÂLÎ, d'aspect très archaïque, en cuivre et en bronze.

Diverses images du dieu ÇIVA; fragments des chars *3° rayon,* de Karikal et de Çrîringham.

KÂLÎ, dans l'attitude du combat; beau fragment de char d'une allure remarquable.

Statuettes de KÂLÎ et de DOURGÂ en cuivre, en bronze et en grès.

Série de petites figurines de cuivre, de bronze, et une en argent, représentant ANNA-POURNÂ-DÉVÎ, déesse de la richesse, assise sur un lotus et tenant en mains une grande cuillère à pot. Cette déesse est une forme de KÂ'Î, ou, selon quelques auteurs, de Dourgâ.

Petits morceaux de chars : images diverses de ÇIVA *4e rayon.* et de PÂRVATÎ.

Vue de la cour intérieure d'un temple brâhmanique *Au dessus de la* du sud de l'Inde. — *Peinture attribuée à Élie de Beau- vitrine.* mont.

PÂRVATÎ, debout entre deux tigres. Elle a quatre *A gauche de la* bras et tient GANÉÇA, un LINGA, un chapelet et un *vitrine.* vase à sacrifice. — Marbre peint.

Fragment de char : Deux personnages qui se tiennent par le bras et semblent danser. — Sujet indéterminé.

BRÂHMANE ÇIVAÏTE

Peinture de Félix Régamey.

Brâhmane çivaïte de Colombo (Ceylan) en tenue *À droite de la vitrine.*
de prière. — Tandis que dans certaines religions les
prêtres s'habillent et se couvrent d'ornements pour
célébrer les rites, dans d'autres, comme chez les Brâhmanes, les Djains et les anciens Égyptiens, le sacerdoce s'exerce nu, vêtu seulement du *langouti*. — *Pein-*
*ture de Félix Régamey.*

TRIMOURTI ou *Trinité brahmanique* : Brahmâ, Vichnou et Çiva réunis dans un seul corps à trois têtes.

La place d'honneur donnée à Çiva (au milieu) et la
présence du taureau Nandi indiquent que ce monument est çivaïque. — Marbre peint.

## *Vitrine* 5.

Reproduction en moelle d'aloès des quatre enceintes intérieures du temple appelé le *grand Çririn-*
*gham*. Ce temple, situé dans l'île du même nom, se
compose en réalité de sept enceintes séparées par
autant de cours.

## *Vitrine* 6.

Trois réductions de temples brâhmaniques en
moelle d'aloès. La plus grande représente le temple
dit le *Petit Çriringham*.

## *Vitrine* 7.

Reproduction en bois de teck du célèbre temple de
*Djagernaut* (Jagannâtha), un des sanctuaires du
culte de Krichna et renfermant la fameuse idole du
même nom.

ÇIVA TANDAVA
Bronze indien.

## DEUXIÈME SALLE

Belle statue de bronze ancien : ÇIVA, au milieu *Au milieu*
d'un cercle de flammes, dansant la danse *Tândava* sur *la salle.*
le corps du démon *Tripourâsoura* (Tripurâsura), possesseur d'une cité aérienne brûlée par les dieux. —
Victoire du soleil sur le nuage. — Le dieu a quatre
bras et tient : AGNI ou le feu, un tambour, un serpent
enroulé autour d'un de ses poignets. Sur les tresses
flottantes de sa chevelure se voient : à gauche, un
serpent Nâga, à droite, la déesse du Gange, GANGÂ.
Un croissant de lune orne sa tête. Il porte un collier
et des bracelets. Le cordon brâhmanique flotte sur son
torse.

BHIKCHOU (*Bhiksu*), moine bouddhiste de Ceylan, *Autour de*
vêtu de la robe (sangati) et du manteau (outtarasan- *salle.*
gati) de cotonnade rouge-brun. — Mannequin.

Statue de grès, représentant la déesse çivaïte PRI-
THIVÎ, tenant dans ses bras le Bouddha naissant.
Cette belle pièce vient des environs de Baroda.

Fragment de sculpture en grès, provenant de Bénarès.

NANDI, le taureau blanc consacré à Çiva. — Grès.

## *Vitrine 8.*

### GANÉÇA ET KARTTIKÉYA

GANÉÇA, dieu de la sagesse, protecteur de la science *Partie gau*
et de la littérature, fils de Çiva et de Pârvati. On le *rayon du b*
représente avec un gros ventre, quatre bras et une

tête d'éléphant à une seule défense ; l'autre est coupée presque au ras de la bouche. C'est Paraçou-Râma qui la lui coupa, dit-on, dans un combat singulier. Suivant une autre légende, Ganéça se l'arracha lui-même et s'en servit en guise de style pour écrire le Mahâbhârata. Ses attributs sont : la conque, le disque, la massue, la hache et quelquefois un lotus ou un fruit. Il est assis sur un rat géant, ou bien le rat est à ses côtés. Dans l'Inde du Sud, on le nomme POLÉAR, et il a la charge de la garde des portes des villes. Dans ce rôle, il a souvent quatre têtes. Ici, il tient par extraordinaire un serpent dans sa seconde main droite. — Fragment de char.

Statue de granit de GANÉÇA qui tient le disque, la conque, un chapelet et un fruit.

Une autre statue, en grès, lui fait tenir un panier de fruits dans sa seconde main gauche. Les attributs de droite sont brisés.

*2e, 3e, 4e rayons.* Série de statuettes de GANÉÇA en bois et en pierre.

GANÉÇA à dix bras, assis avec sa femme sur un rat géant. — Char de Çriringham. — Cette manière de représenter Ganéça est rare.

Statuettes et figurines de GANÉÇA en bronze et en cuivre, et une en argent massif, ornée au front d'une pierre précieuse.

*Partie droite, rayon du bas.* Fragments de char : Images de GANÉÇA et de ÇIVA, et, entre autres, un Çiva à cinq têtes.

PÀRVATÎ, à quatre bras, tenant le *feu*, un tambour entouré d'un serpent, et jouant de la *vina*, debout entre deux adorateurs difformes, probablement des *Koumbhandas*. — Char de Çriringham.

ÇIVA, à quatre bras, debout à côté d'une déesse dont il caresse le menton de la main droite ; peut-

GANÉÇA

Dieu de la science et de la littérature.
Statuette d'argent massif.

être est-ce OUMÂ, l'une de ses épouses, fille de l'Himâlaya, ou bien MOHINÎ, métamorphose de Vichnou
en femme afin de séduire Çiva.

*º et 3º rayons.* KARTTIKÉYA, appelé aussi SKANDA et SOUBRAHMA-
NYA, fils de Çiva, dieu de la guerre et de la planète
Mars. Il n'a qu'une tête (il devrait en avoir six). De
ses quatre mains, deux sont chargées de ses armes
caractéristiques : le double *vadjra* ou foudre, et une
sorte d'instrument formant trois losanges appelé
*velle*(?). Derrière lui un paon, sa monture habituelle,
tient un serpent dans son bec. — Beau bronze ancien.

KARTTIKÉYA, à six têtes et douze bras, perçant de
sa lance un ennemi terrassé. — Grès.

KARTTIKÉYA, à six têtes et douze bras, armé du
*vadjra*, de la *velle* et d'une lance, assis sur son paon
entre deux femmes portant chacune un lotus. — Char
de Çríringham.

ÇIVA combattant, à huit bras, paré d'une guirlande
de sonnettes et tenant un guerrier embroché sur son
trident. — Fragment de char.

Série de statuettes en pierre et en bronze représentant KARTTIKÉYA, soit avec six têtes, soit avec une
seule.

## *Vitrine 9.*

### HANOUMAT ET GAROUDA. — CULTE BRÂHMANIQUE

*Partie droite,*
*rayon du bas.* Statue de marbre peint : HANOUMAT ou HANOUMAN,
le dieu-singe, fils du vent, allié du dieu Râma (sep-

tième incarnation de Vichnou) dans sa guerre contre *Râvana*, roi des Râkchasas (démons anthropophages) de Lanka ou Ceylan. — Hanoumat a un corps d'homme avec la tête et la queue d'un singe ; sa face est rouge. Il tient habituellement une massue dans sa main droite, et, sur la gauche, le mont Himâlaya ou *Himavat* qu'il déracina et apporta au camp de Râma pour guérir les blessés avec les herbes miraculeuses qu'il produisait.

Statuettes et figurines de bronze et de cuivre représentant Hanoumat.

Groupe en bronze : Râma-Tchandra et Sîtâ, assis ; devant eux, Hanoumat et un courrier semblent rendre compte d'une mission.

Figurines d'Hanoumat en cuivre et en bronze.     *2e rayon.*

Une peinture sur bois le représente franchissant d'un bond le détroit qui sépare Ceylan de la terre ferme pour reconnaître, avant l'assaut, les abords de la place. C'est dans cette expédition que, pris par les Râkchasas, il fut sur le point d'être mis à mort. Déjà ses ennemis avaient mis le feu au bout de sa queue. Par un effort prodigieux, il rompt ses liens, s'échappe et, avant d'aller rejoindre ses amis, incendie la cité de Lankâ en promenant dans ses palais sa queue enflammée.

Scène d'adoration du Linga : Brahmâ, à quatre *Partie gauche* tètes et à quatre bras, se tient debout, la main droite *rayon du bas* posée sur un Linga. A sa gauche, on voit Sarasvatî jouant de la *vina*. — Char de Çrîringham.

Objets servant au sacrifice du matin. — Le sacrifice du matin (*Sandhyâ matinale*) est le plus important des trois sacrifices quotidiens. Son acte principal est l'allumage (maintenant le rallumage) du feu sacré, qui doit briller à la minute précise ou le soleil

Bois sculpté du char sacré de Çriringham.

(feu du ciel) paraît à l'horizon. Tout d'abord le brâhmane se purifie par un bain (*sandales employées au sortir du bain*); puis il se fait des onctions de cendre et s'imprime sur le front, les bras, la poitrine, les stigmates sectaires (*matrice en bronze de stigmate vichnouite en forme de conque*) avec de la cendre ou de la poudre de bois de santal (*boîte en cuivre pour la poudre de santal*). Il prononce ensuite le vœu d'accomplir le sacrifice matinal et

CONQUE DE VICHNOU
Stigmate vichnouiste.

adore les objets dont il va se servir (*vase à eau, conque et sonnette sacrée*). Une fois allumé, le feu est nourri au moyen de libations de *soma* (*mortier pour écraser la plante de soma et vase en cuivre pour opérer le mélange du jus de soma avec du lait*) et de beurre clarifié (*cuillère à beurre*). Quand il a pris suffisamment de force, on purifie le feu sacré au moyen de libations d'eau du Gange (*flacon en cuivre surmonté d'une figure de Nandi protégé par le serpent Çécha*), que l'on verse goutte à goutte à l'aide d'un vase plat en bronze ou cuivre (*argha-pâtra*) muni d'un goulot en forme de tête de taureau. Ensuite, on encense le feu sacré en brûlant de la poudre de santal sur une petite *cuillère plate dont le manche figure un poisson*; et enfin on fait une offrande de riz et de poudre de santal contenus dans un vase en cuivre, à deux compartiments, ressemblant assez à un bateau.

*2ᵉ rayon.* Trois scènes d'ADORATION DU LINGA; fragments de chars.

LINGA, au pied d'un arbre sur lequel s'est réfugié un homme poursuivi par un tigre : *Légende du chasseur sauvé par sa dévotion au Linga*. — Char de Karikal.

Figures en bois et en terre cuite représentant des brâhmanes et des ascètes brâhmaniques : le plus grand est un *Sannyasi*.

BAYADÈRE. — Jolie figurine de terre cuite moderne.

Statuettes de GAROUDA (Garu*d*a), roi des oiseaux, monture de Vichnou. On le représente avec un corps d'homme, une tête ou un bec d'aigle (ou bien un nez fortement aquilin), des ailes et des serres d'aigle. Le plus souvent il est debout ou agenouillé, les mains jointes, dans une posture d'adoration.

Un joli petit groupe en grès représente *Garouda* portant Vichnou sur ses épaules.

*3ᵒ rayon.* Morceaux de chars décoratifs.

## *Vitrine* 10.

### OBJETS DU CULTE BRÂHMANIQUE

Grand Tchakra (*Cakra*) ou disque, arme et symbole de Vichnou. Cet objet représente ou la foudre ou le disque enflammé du soleil ; c'est cette dernière attribution qui est adoptée actuellement. — Bronze, trouvé à Tiroubané. *Partie vertic[ale]. 1er rayon.*

Ornement d'autel, en bronze, soleil entouré de la lune et des sept planètes, et ressemblant d'une façon curieuse à un ostensoir.

Chandelier à dix branches consacré à ÇITALÂ, déesse de la variole. — En temps d'épidémie, on allume ses dix bougies parfumées pendant les cérémonies faites en l'honneur de Çitalâ. — Bronze.

PORTEUSES DE BASSINS (lampes de temples). La plus grande a été identifiée — par erreur, croyons-nous — avec Pârvatî, et le bassin qu'elle porte à la *Yôni*. — Bronzes et cuivres.

Éléphant adorant le *Linga*. — Les Indous considèrent l'éléphant comme le plus sage des animaux et lui prêtent des sentiments religieux. — Marbre noir.

Lampes de sanctuaire ornées de l'image de DÉVÎ. *2o rayon.*

Collection de petites coupes à sacrifice servant principalement pour les offrandes de beurre clarifié.

*Lotas*, vases à eau dont se servent les brâhmanes. — Bronze et cuivre.

Coupe en corne de rhinocéros ornée, à l'intérieur, de l'image de VICHNOU porté par GAROUDA, et, à l'extérieur, de médaillons en bordure représentant les principales divinités indoues.

ÉLÉPHANT ADORANT LE LINGA

Marbre noir indien.

Vases et coupes à offrandes de Ceylan. — Métal blanc.

Peintures indiennes représentant :                    *Partie plate.*

Le *Sacrifice du matin*, personnifié en une divinité rouge (AGNI), dans un char attelé de deux béliers blancs.

Le *Sacrifice du soir* : personnage noir traîné par deux taureaux noirs.

Le *Barattement de l'océan* par les dieux et les démons réunis, afin d'en extraire l'*amrita* ou *ambroisie*.

Femme indienne adorant le Linga.

Femme ascète, assise sur une peau de tigre ; c'est peut-être la pénitence de Pârvatî.

Çiva ascète adoré par PÂRVATÎ.

Petites coupes à sacrifice, boîtes à cendres, etc.

Album de peintures, exécutées par un artiste indou, représentant les principales scènes de la légende de KRICHNA.

# *Vitrine* 11.

## OBJETS DU CULTE BRÂHMANIQUE

Collection de sonnettes sacrées, dont plusieurs ont pour manche une image de GAROUDA et d'HANOU-MAT accolés dos à dos. — Cuivre.        *Partie verticale 1er rayon.*

Collection de *Srouvas* (sruva) ou cuillères à sacrifice servant à faire des libations de beurre clarifié.

Spatules pour faire brûler des parfums. L'une d'elles a la forme d'un poisson tenant en bouche un plateau.

Matrices à *stigmates* : pieds de Vichnou, conque, palme, etc. ; cuivre.

Figurines de pierre, de bronze et de cuivre, représentant le taureau blanc à bosse, appelé NANDI, monture et symbole de Çiva.

NAGA NANDI LINGA, ou Linga protégé par le *Naga* (serpent) à cinq têtes et adoré par le taureau *Nandi*. — Cuivre.

*2e rayon.*  Coupe à bec, montée sur pied, servant aux libations d'eau. — Bronze.

*Argha-pâtra*, en forme de bouton de lotus allongé, servant aux libations de lait. — Bronze.

Boîte à cendres, à six compartiments, ornée de paons. — Cuivre.

Lampe d'autel, en bronze.

Perroquets et poisson servant à contenir la poudre *Dakchinâ* (daksinâ). — Bronze.

*Lotas*, vases brâhmaniques à eau. — Bronze.

Coupes en cuivre pour préparer des libations.

Sphère ajourée en cuivre, pour les offrandes de fleurs.

Série de peintures indiennes sur verre représentant : ÇIVA, GANÉÇA, HANOUMAT, GAROUDA, VICHNOU-TORTUE, VICHNOU-SANGLIER, VICHNOU-LION, PARAÇOU-RÂMA, BALA-RÂMA, KRICHNA, KÂMA.

*Partie plate.*  Manuscrits indiens sur feuilles de palmier.

Manuscrit du *Mânava Dharma Çâstra* ou Lois de Manou, écrit tout entier de la main d'Auguste Loiseleur Deslongchamps, premier traducteur de cet ouvrage.

Livres sacrés des SIKHS.

Chapelets çivaïques.

Bijoux indiens.

Raquette, instrument utilisé dans la musique religieuse.

Petit bassin de bronze, à bords gaufrés, nommé

MOINE BOUDDHISTE DE CEYLAN

Peinture de Félix Régamey.

*Vichnou Pantchayet*, dans lequel on place les images de Vichnou pour les laver.

Monnaies anciennes de Ceylan.

Chapelets bouddhiques.

*re les fenêtres à droite.* Bas-relief en terre cuite peinte : KRICHNA vainqueur du serpent Kâliya.

*A gauche.* Bas-relief en terre cuite peinte : RÂMA-TCHANDRA et SITÂ portés par Hanoumânt.

BHIKCHOU, moine bouddhiste de Ceylan. — *Peinture de Félix Régamey.*


## *Vitrine* 12.

### DJAINISME ET BOUDDHISME

*Partie droite rayon du bas.* Bas-relief, pierre calcaire : VRISHABHA (*Vršabha*), le premier *Tirthakara*, ou *Djina*, des Djains, nu, debout entre deux serviteurs, ou adorateurs, porteurs de chasse-mouches. A sa gauche, trois et, à sa droite, quatre figures assises représentent soit les principaux dieux, soit les sept planètes, soit les sept étoiles de la Grande-Ourse. Au-dessus, deux figures volantes et deux ornements symboliques. Sous ses pieds, un taureau couché devant un petit monument en forme de pomme de pin, et adoré par deux personnages. — Le taureau est consacré à Vrishabha, qui avait, dit-on, une figure de cet animal empreinte sous la plante des pieds.

Statuette de bronze représentant un TIRTHAKARA nu, la tête ceinte d'une auréole, assis, les jambes croisées, sur un trône surmonté d'un dais ou parasol

à trois étages et flanqué d'un lion et d'un éléphant.
Il a la posture de la méditation, c'est-à-dire les deux
mains posées l'une sur l'autre, la paume en dessus.
Autour de lui, quatre divinités. A droite et à gauche,
un personnage nu entouré des replis d'un serpent.
Dans les airs, deux génies portant des guirlandes de
fleurs. Sur le devant du socle, un symbole méconnaissable ; derrière, une inscription en vieux sanscrit. — Le
symbole du socle peut être ou une tortue, emblème
de MOUNISOUVRATA, le vingtième Tîrthakara, ou
un dauphin (makara) emblème de POUSHPADANTA, le
neuvième de ces saints personnages.

Statuette, marbre blanc, très ancienne ; BRAHMÂ, à
quatre têtes barbues et à deux bras seulement, complètement nu, assis les jambes croisées, tenant un
vase et un anneau (ou peut-être un chapelet).

ÇITALA, le dixième Tîrthakara des Djains, reconnaissable au *çrîvatsa* en forme de trèfle qui orne sa
poitrine. — Pierre noire.

Photographies de temples djains.

Le Bouddha, ÇÂKYA-MOUNI, assis, les jambes croi- *Partie gauche.*
sées, sur le serpent Moutchalinda. — Pierre dorée,
probablement cambodgienne.

Le Bodhisattva AVALOKITÊÇVARA tenant deux lotus. — Fragment d'un haut-relief de grès provenant
de Bénarès.

Dieu et déesse bouddhistes ; calcaire de Bénarès.

Chapelle de bois peint renfermant un Bouddha *2ᵉ rayon.*
couché, de travail très grossier, provenant de l'île de
Ceylan. Cette image représente l'entrée de ÇÂKYA-
MOUNI dans le *Nirvâna*.

Photographies et photogravures de monuments
bouddhistes.

Vichnou porté par Garouda
Bois peint de Bâli.

Fragment de char représentant le BOUDDHA ÇÂKYA-MOUNI en tant qu'incarnation de Vichnou.

Terres cuites enluminées : BOUDDHA tenant un vase de fleurs.

ÇIVA bouddhique, à huit bras, armé d'un trident. — Bronze.

VICHNOU bouddhique ; la conque et le disque servent d'ornements à son auréole. — Bronze.

Tête de BOUDDHA, en grès, provenant d'Ellora.

BOUDDHA ASCÈTE trouvé à Sikri (photogravure) ; l'original est au Musée de Lahore.

ÇÂKYA-MOUNI dans l'altitude de la *prise à témoin*; par extraordinaire, il est coiffé d'une couronne. — Petite statuette de bronze.

AVALOKITÊÇVARA debout, tenant un lotus et une bouteille. — Bronze.

L'ARBRE DU BOUDDHA ÇÂKYA-MOUNI, à Kandy *Au dessus de*
(Ile de Ceylan). — C'est une espèce de figuier dont *vitrine.*
chaque feuille se termine par un fil. L'arbre qui est représenté est une bouture de celui sous lequel Çâkya-mouni opéra sa transfiguration d'homme en Bouddha (arbre Bô des Bouddhistes). — *Peinture de Félix Régamey.*


# *Vitrine* 13.

## JAVA

L'île de Java a été de bonne heure envahie par les Indous, qui y ont porté leur art et leur religion : le *Bouddhisme*, à ce qu il semble, s'y est implanté d'abord, puis a été remplacé par l'*Indouisme* qui ne l'a cependant pas supprimé tout à fait. Les monuments que l'on découvre à Java appartiennent à ces deux religions, et souvent à toutes deux à la fois.

*artie droite.*    Bijoux javanais en or, en argent et en cuivre.

Collection de *Marionnettes* articulées, qui servent à représenter, en *ombres chinoises*, des *mystères* et des *drames religieux*. Cette série se rapporte à un drame tiré du *Râmâyana*.

*artie gauche.*    Deux statues javanaises en pierre calcaire fortement endommagées :

ÇIVA, à gros ventre, tenant un lacet, un trident et une massue. A côté de lui, un personnage ou animal méconnaissable ;

VICHNOU, ou bien BALA-RÂMA, à quatre bras, tenant la massue, la conque et le disque. A sa droite, un singe accroupi.

Photogravure d'une magnifique statue du Dhyâni-Bodhisattva MANDJOUÇRÎ, dieu de la science, dont l'original est au Musée de Berlin.

Statuettes de bronze représentant des divinités brâhmaniques et bouddhiques et deux ou trois personnages royaux.

Statue de bois peint : VICHNOU, armé d'une massue, monté sur les épaules de Garouda ; provenant de l'île de Bâli. — Les spécimens des divinités de Bâli sont fort rares.

*dessus de la vitrine.*    Pèlerinage au temple de la DALADA ou « Dent relique du Bouddha Çâkya-Mouni ». — *Peinture de Félix Régamey.*

TCHAN-RÉSI
Dieu protecteur du Tibet.
Cuivre doré.

# TROISIÈME SALLE

# TIBET, MONGOLIE ET CHINE SEPTENTRIONALE

## LAMAISME

## *Vitrine* 14.

*Rayon du bas.*    Coussins et écharpes (khatas) ayant servi à la cérémonie lamaïque célébrée au Musée Guimet le 27 juin 1898.

Feuilles d'un manuscrit tibétain écrit en or sur papier noir.

Inscriptions, sur pierres et sur cornes, de la prière sacrée : *Om mani padmé houm*.

Cymbales employées surtout pendant les processions.

*Partie gauche.*    Drapeaux de prière avec figure du cheval aérien *Loung-rta*.

*2ᵉ rayon.*    Le *Mandala de l'Univers*. Au milieu d'un socle cylindrique en cuivre doré, se dresse le *Mont Mérou* (*R*gyal-po Ri-rabs)[1], sur les flancs duquel s'étagent de petites maisonnettes représentant les diverses demeures des dieux. Autour de la circonférence du cylindre, se trouvent douze maisonnettes du même genre, dont les

---

1. Les lettres en italiques dans le corps des mots en caractères ordinaires, ou vice-versa, sont des lettres muettes qui ne se prononcent pas.

quatre plus grandes figurent les quatre grands continents et les huit plus petites les continents satellites.
Entre ceux-ci et le Mérou sont disposés, en cercles :
les quatre trésors du monde, les sept choses précieuses ;
les huit déesses mères ; le vase d'Amrita ; le soleil et
la lune, et trois Bouddhas protecteurs du monde. Cet
objet sert à l'offrande de l'univers entier que les Lamas
consacrent aux Bouddhas chaque matin.

Morceau d'ardoise où sont gravés au trait, presque
sans relief, TCHAN-RÉSI (*Spyan-ras-gjigs*, figure du
milieu), JAM-YANG (*Jam-pahi-dbyangs*, à droite) et
TCHAKDOR (*P'yag-na-rdo-rje*, à gauche).

SMAN-GYI-*bla* BÉDOURYA-*hi* OD-KYI *r*GYAL-PO (*Vai-*    *3ᵉ rayon.*
*durya-Buddha*), le principal des Bouddhas de médecine,
entouré de Bouddhas, de Bodhisattvas et de dieux ;
vieille peinture tibétaine sur toile.

Portoir d'offrandes et vases à eau en argent et en
bronze.

Tiare en filigrane d'argent et pierres fausses, provenant de Sikkhim.

Ustensiles divers à l'usage des lamas.                 *Partie droit*
                                                       *2º et 3ᵉ rayor*
Objets du culte (2ᵉ *ray.*) et gâteaux d'offrandes
(3ᵉ *ray.*) ayant servi à la cérémonie lamaïque du 27 juin
1898.

Masques employés dans les représentations de drames
religieux.

Vieille peinture représentant un MGON-PO, génie
protecteur de la religion, foulant un cadavre sous ses
pieds.

Le Tsanit-Khanpo-Lama Agouan Dordji célébrant     *Devant la fené*
un office lamaïque au Musée Guimet le 27 juin 1898
pastel de M. Félix Régamey.

# *Vitrine* 15.

## DIVINITÉS LAMAIQUES[1]



Groupe des RGYAL-BA RIGS-lNGA (*Dhyâni-Buddhas*) ou « Bouddhas de contemplation ». — RNAM-PAR SNANG-*mzad* (*Vairocana*), premier des Bouddhas de contemplation, sous sa forme orthodoxe (terre cuite dorée) et sous sa forme tântrique (bronze).

OD-*d*PAG-MED (*Amitâbha*), personnification de la charité, inspirateur de Çâkya-mouni et président de la région funéraire de l'Occident ou paradis de *Dévat-chan*, un *svastika* gravé sur la poitrine, les mains posées l'une sur l'autre (geste de méditation) et tenant le *pâtra* ou bol à recevoir les aumônes ; (forme orthodoxe). Cuivre.

RGYAL-PO TSHÉ-*d*PAG-MED (*Amitâyus*), personnification de la vie éternelle, tenant sur ses mains croisées le vase d'*Amrita* ou breuvage d'immortalité (forme tântrique du précédent) ; bronze enrichi de rubis.

RÏN-TCHHEN *h*BYOUNG-*g*NAS (*Ratna Sambhava*), reconnaissable par le *ratna* (joyau) qui orne le tapis de son trône ; (forme tântrique). Bronze ancien.

MI-*b*SKYOD-PA (*Aksobhya*) tenant de la main gauche le *pâtra* et faisant avec la droite le geste de *prise à témoin* ; un *dorjé* ou *vajra* orne le socle de son image ; (forme orthodoxe). Cuivre.

---

1. Dans les éditions précédentes de ce *Guide*, les divinités tibétaines avaient été classées d'après le système des Lamas de Pékin qui n'est pas complètement orthodoxe ; le classement actuel nous a été expliqué par le Kanpo-Lama Agouan-Dordji.

Od-dɒag-med
Cuivre doré.

Bronze enrichi de rubis.

RIN-TCHH'EN ḄBYOUNG-ꞬNAS
Bronze doré.

8

Rdo-rjé-sems-dpa (*Vajrasattva*), dans la même attitude, un *dorjé* posé devant lui ; cuivre doré.

Rdo-rjé-tchang (*Vajradhara*), les mains croisées sur la poitrine, tenant un *dorjé* et un *drilbou* ou sonnette ; petite figurine de cuivre.

Ces deux personnages sont les manifestations tântriques de Mi-bskyod-pa.

Don-yod hgroub-pa (*Amogha-siddha*), la main droite levée comme pour enseigner ; (forme orthodoxe). Cuivre doré.

*A droite.* Groupe des Sangs-rgyas ou Bouddhas, humains et imaginaires. — Ce groupe, très nombreux, comprend : Çâkya-mouni dans ses sept attitudes, les sept Bouddhas ses prédécesseurs, les mille Bouddhas des Dix Mondes, les trente-cinq Bouddhas de confession, les sept Bouddhas de médecine ou Sman-bla.

Çakya-thoub-pa (*Çâkya-muni*) assis dans l'attitude de prise à témoignage ; cuivre doré.

Çakya-thoub-pa, enfant, montrant d'une main le ciel et de l'autre la terre ; cuivre.

Rgyal-ba Rïn-tchhen zla-ba (*Ratna-candra*), tenant le disque de la lune ; bronze.

Sman-gyi-bla Bé-dou-ryahi Od-kyi rgyal-po. (*Vaidurya*), type des Bouddhas de médecine, tenant en main un fruit d'Aroura ; cuivre.

Autre image du même Bouddha tenant une fleur à la place du fruit et le *pâtra* reposant sur sa main gauche.

*ayon, à gauche.* Groupe des Yi-dam ou Protecteurs. — Divinités tutélaires du monde et des individus conçues sur le modèle des manifestations les plus démoniaques du Çiva brâhmanique, ils passent pour avoir une action

MI-*b*SKYOD-PA
Cuivre doré.

toute puissante sur la destinée des êtres dans l'exis-

JIGS-BYED YAB-YOUM TCHHOUD-PA
Cuivre.

tence actuelle et dans leur vie future. Les *Dhyâni-*

*Bouddhas* et quelques *Mânouchi-Bouddhas*, y compris les formes tântriques de Çâkya-mouni lui-même, font partie de ce groupe qui se compose cependant en majeure partie de divinités çivaïques, et a pour caractère distinctif l'adjonction d'une déesse ou *Çakti* au dieu représenté.

JIGS-BYED YAB-YOUM TCHHOUD-PA ( *Yâmantaka*, « Vainqueur de la mort »), debout, foulant aux pieds des êtres terrassés. Il a 10 têtes (dont une de taureau) couvertes de couronnes, 34 bras et 16 jambes, et tient dans ses bras une déesse à trois yeux parée d'une couronne de crânes. Jigs-byed est la forme tibétaine de Çiva Mahâkâla ou Bhairava ; statuette de cuivre.

DPAL-DOUS KYI *bkhor-lo* (*Kâlacakra*), à 4 têtes et 12 bras. Sa *Youm* a 8 bras. Statuette de cuivre.

DPAL-*bkhor-lo* *sdom-pa* (*Çamvara*), à 4 têtes, 2 bras et 2 jambes. Bronze d'une finesse et d'une patine exquises.

DPAL-*bkhor-lo* TCHHEN-PO (*Çrîmahâcakra*), à 4 têtes et 12 bras. Bronze.

Groupe des LHAG-LHA (*Dhyâni-Bodhisattvas*) ou *Au milieu* « Bodhisattvas de contemplation. » — Les Dhyâni-Bo- *droit* dhisattvas sont aux Bodhisattvas ordinaires ce que les Dhyâni-Bouddhas sont aux Bouddhas humains. Ce sont des êtres de raison, tenus pour fils spirituels des Dhyâni-Bouddhas, au lieu et place desquels ils agissent comme protecteurs de la religion, inspirateurs des Bouddhas et des Saints, et même comme créateurs, suivant les dogmes de certaines sectes. Étant donné l'impassibilité des Dhyâni-Bouddhas, les Dhyâni-Bo- dhisattvas remplissent souvent les fonctions de dieux suprêmes dans le Bouddhisme Mahâyâna.

Jam-yang (*Jam-dpahi-dbyangs*) ou Mañjuçri, dieu de la sagesse ou science parfaite, ne devrait pas figurer parmi les *Lhag-lha*; mais les Tibétains l'admettent dans ce groupe comme manifestation soit de Vairotchana, soit d'Amitâbha, soit d'Akchobhya, surtout de ce dernier. On le représente habituellement tenant un livre et brandissant un glaive (statuettes de cuivre et de bronze). Une jolie figurine de fabrication chinoise (au milieu du rayon) le représente négligemment assis, la main gauche appuyée sur un livre et coiffé d'une couronne ornée d'une image de Bouddha.

Koun-tou *bzang-po* ou Samantabhadra, Dhyâni-Bodhisattva de Vairotchana, personnification de l'Intelligence suprême; bronze laqué assez grossier faisant le geste ou moudrà dit de l'armure.

Tchakdor (*P'yag-na rdo-rjé*) ou Vajrapâni, fils d'Akchobhya, sous sa forme divine, avec la couronne des Bodhisattvas, debout entre deux fleurs qui supportent à droite un *dorjé*, à gauche un *drilbou* (statuette de bronze), et dans sa forme démoniaque, avec une chevelure de flammes, couronné de têtes de mort, brandissant un *dorjé* et les deux pieds reposant sur des serpents (figurine de cuivre doré).

Tchakrïn (*P'yag-rin-tchhen*) ou Ratnapâni, émanation de Ratna-sambhava, caractérisé par le *ratna* ou joyau qu'il porte sur la tête ou qui figure à côté de lui; il est représenté assis et debout.

Images diverses à deux et quatre bras de Tchanrési (*Spyan-ras-gzigs*) ou Avalokitêçvara, fils d'Amitâbha et personnification de la Charité et de la Compassion. Une fine statuette de cuivre le représente avec onze têtes disposées en pyramide et huit bras; c'est sous cette forme qu'il est adoré comme Protecteur spécial du

Tibet. Une autre statuette, en bronze doré avec auréole
ronde, le figure sous la forme de PADMAPÂNI, coiffé

PADMAPÂNI
Bronze doré.

d'une couronne, tenant de la main gauche un bouton
de lotus, la droite ouverte et tendue vers la terre (geste
ou *moudrá* de charité), assis sur un lotus porté par
des nuages.

P'AG-ṆNA-TSHEG, ou Viçvapâni, Dhyâni-Bodhi-sattva d'Amogha-siddha, debout, coiffé d'une couronne ornée de l'image de ce Bouddha, tenant de la main gauche un vase d'*Amrita* tandis que la droite fait le geste d'enseignement; plomb doré.

JAMPA (*Byams-pa*) ou Maitréya, personnification de l'amour du prochain, Bouddha futur, assis les deux jambes pendantes à la façon européenne; bois doré.

*3e rayon.*    Images en bronze, de fabrication mongole ou chinoise, des Dhyâni-Bodhisattvas JAM-YANG et TCHAN-RÉSI.

*Partie plate.*    Quatre fines miniatures, peintes sur toile, sont des copies des plafonds des quatre grandes salles de réception du palais de Potala, à Lhasa, résidence du Dalaï-Lama.

Série de 21 miniatures sur soie représentant les principales divinités lamaïques.

Livre illustré, imprimé en rouge, Panthéon des Lamas de Pékin.


# *Vitrine A.*

*s la fenêtre.*    Dans cette vitrine sont exposés provisoirement les objets qui constituent le legs de MM. le D<sup>r</sup> Brazier et Henri Dublain. Au rayon du bas se trouvent les divinités de l'Inde; au second rayon les dieux de l'Indo-Chine; au troisième rayon les divinités du Japon et celles de la Chine au quatrième. Cette collection comprenait en outre une série importante de divinités tibétaines qui ont été placées suivant leur rang normal dans les vitrines 15 et 16.

# *Vitrine* 16.

Groupe des Byang-tchhoub sems-dpa, ou Bodhisattvas, saints très parfaits, aspirants à la dignité de Bouddha qu'ils doivent atteindre dans leur prochaine renaissance. En attendant ils habitent le paradis ou ciel Touchita et s'occupent activement du progrès de la religion bouddhique et du salut des êtres.

*Sg*rolma-*d*kar-po lan-mo[1], incarnation de la déesse indienne *Târâ* en la princesse chinoise Oun-tching, femme du roi Srong-tsan Gam-po ; elle tient un lotus de la main gauche et est assise les jambes croisées, (statuettes de bronze et de cuivre).

*Sg*rol-ma Gangs-khou, incarnation de Târâ en la la princesse Népalaise Bhrikoutî, seconde femme de Srong-tsan Gam-po. Elle se distingue de la précédente en ce qu'elle a la jambe droite pendante (statuettes en bronze). Ces deux déesses sont adorées collectivement, sont le nom de Dolma (Sg*rol-ma*).

P'ags-ma *g*dougs-*d*kar, *Oušnišasitâ*, déesse à l'ombrelle blanche ; cuivre.

Rdo-rjé-P'ag-mo (*Vajravârâhî*), Bodhisattva féminin qui s'incarne à perpétuité dans la personne de l'abbesse du monastère de Samding ou du lac de Palté ; figurine de cuivre à trois têtes dont une de sanglier.

Od-*g*zer tchan-ma, *Marîci*, à 16 bras armés de divers engins, dont deux étendards ; beau bronze ancien.

---

1. Contrairement aux principes du Bouddhisme primitif, le Lamaïsme admet des Bodhisattvas féminins, tous, d'ailleurs, transformations de déesses çivaïtes, des sortes de *Kâlis* bienfaisantes.

Autre image du même personnage, à trois têtes et six bras, portant le soleil, la lune, un sabre et un vase à aumônes ; cuivre.

**2e rayon.** Groupe des LAMAS (*Bla-ma*), Arhats ou prêtres saints, indiens et tibétains.

ANANDA, disciple favori de Çâkya-mouni, tenant le *kharsil* (bâton à sistre) et le patra ; bois doré.

KÂÇYAPA, bronze peint, et MAUDGALYÂNA (bronze), tous deux aussi disciples du Bouddha.

RJÉ-*b*TSOUN THOGS-MED, *Aryi-sanga*, l'un des maîtres éminents du Mahâyâna mystique ; terre cuite dorée.

PADMA SAMBHAVA, savant pandit indien appelé au Tibet par le roi Thi-srong dé Tsan (723-786) pour y restaurer le bouddhisme ; il tient un *dorjé* et a la tête couverte du bonnet à oreillettes des grands lamas ; cuivre doré.

RJÉ-*b*TSOUN MAR-PA, autre bouddhiste indien, considéré comme un des pères du lamaïsme, tenant un livre ; cuivre.

BROM-*s*TON *r*GYAL-BAHI BYOUNG-*g*NAS, disciple du saint indien Çanta Rakchita et fondateur (en 1052) de la secte orthodoxe des Kâdampa ; terre cuite.

BLO *b*ZANG GRAGS-PA TSONG-KHA-PA (1357-1417), réformateur du bouddhisme tibétain, fondateur de la secte orthodoxe des *Lamas jaunes* ou *Géloug-pa* et de la forme actuelle du lamaïsme ; bronze ancien.

NGAg-*d*BANG *b*LO-*b*ZANG, 5e Dalaï-lama, fondateur en 1642 de la puissance temporelle des Dalaï-lamas ; cuivre.

RJE *b*LO-*b*ZANG THOUB-*b*STAN HJIGS-MED *r*GYA-*m*TSHO, Lama qui vécut à la fin du siècle dernier et

fut considéré comme une incarnation de l'esprit du
précédent; beau bronze de Lhasa.

TSONG-KHA-PA
Bronze.

Statuettes de cuivre doré représentant des grands Lamas de Pékin.

Groupe des MKAH-SGRO-MA (*Mâtris, Dâkinîs* ou *Yoginîs*), déesses que l'on donne pour épouses aux Yi-dams et aux Tchhos-skyongs.

NGAG-DBANG, *BLO-BZANG*
5e Dalaï-Lama. Cuivre doré.

Statue de bronze enrichie de rubis et de turquoises : SENG-GÉHI MKAH-SGRO-MA (Mahâ-Kâlî), déesse de la destruction, nue, avec une tête de lionne à chevelure de flammes.

LHA-MO, *Dévi*, montée sur un cheval harnaché avec
la peau de son fils et accompagnée de deux serviteurs ;
cuivre.

HJIGS-MED-RGYA-MTSO
Bronze.

Groupe des TCHHOS-SKYONG ou DRAG-ÇEDS, *Dhar-* 3ᵉ *rayon*
*mapalas* ou Défenseurs de la Loi, divinités d'origine
indienne spécialement chargées de combattre les démons ; ils habitent les pentes du mont Mérou, et l'at-

9

mosphère. Plusieurs d'entre eux sont des transformations de Bodhisattvas et de Yi-dams.

MKAH-SGRO-MA
Bronze enrichi de pierres précieuses.

TCHANDRA (*Candra*), dieu de la lune, monté sur

une oie, contrairement à l'usage indien qui lui donne pour monture une antilope, et tenant un croissant; cuivre.

TCHAKDOR GOSNGON (*P'yag-na rdo-rje gos-sngon tchan*) ou *Nilâmbara-Vajrapâni*, forme démoniaque du Vajra-pâni tàntrique (voir vitr. 15, 2º ray.), avec une tête de lion à chevelure de flammes ornée d'une couronne de têtes de morts; il tient un *dorjé* et une coupe (*ka-pâla*) faite d'un cràne humain; cuivre peint.

*DBYAR-GYI rGYAL-PO* ou *GÇIN-rJE*, Yama, le dieu et juge des morts, monté sur un tàureau. C'est la forme habituelle de ce dieu, seulement il lui manque son tri-dent; bronze.

TCHHOS-rGYAL NANG-sGROUB, avec une figure gri-maçante et une chevelure enflammée, brandissant un glaive flamboyant, forme tàntrique et démoniaque de Yama; cuivre.

TSHANGS-PA, *Brahma*, à quatre têtes, tenant un *dorjé* sur ses mains jointes; bronze.

Autre figure du même dieu monté sur une oie; bronze.

MÉ-LHA, *Agni*, le dieu du feu, tenant un vase con-tenant du feu et assis sur un bélier; cuivre doré.

JAM-BHA-LHA, *Kuvéra*, dieu de la richesse, tenant un fruit et un animal vomissant des pierreries; bronze.

BrGYA-SBYIN, *Çatakratu* ou *Indra*, tenant un vase d'Amrita; 4 fines figurines de cuivre doré.

Plusieurs petits *Tsatsas* en terre cuite représentant des divinités, appelées GON-PO (Mgon-po), tenues pour animées d'une haine toute particulière contre les dé-mons et les incrédules.

Groupe des YOUL-LHA (*Yul* « pays », *lha* « dieu »), 3º *rayon, à droi* dieux secondaires protecteurs spéciaux de la contrée et presque tous tibétains, quoique l'on rencontre aussi parmi eux quelques divinités indiennes :

DAHLHA (*Sgra-lha*), dieu de la guerre, armé d'un bouclier et d'un sabre; cuivre.

Autre statuette du même dieu, avec une chevelure de flammes et monté sur un cheval; cuivre.

BIHAR-*r*GYAL-PO, protecteur des monastères, couvert d'une armure; son épée manque. Très jolie figurine de cuivre.

Derrière, une autre statuette, mais de fabrication chinoise, représente le même personnage avec ses attributs complets.

Groupe des SA-*b*DAGS, divinités locales, champêtres et domestiques, telles que les dieux des montagnes, des ruisseaux, le dieu de la porte, celui du foyer, etc. Les *Sa-bdags*, sont des deux sexes et tous indigènes, sauf les déesses des quatre montagnes principales, considérées comme des suivantes de *Lha-mo*, qui sont d'origine indienne.

Une statuette de fer (au bout du rayon) représente un BON-PO, prêtre sorcier de la religion primitive du Tibet ou *Bon-pa*.

*Gaou*, reliquaires et boîtes à amulettes.

*Dorjé* (*rdo-rje*) ou foudre, arme du prêtre contre les démons.

DORJÉ

Chapelets de divers modèles suivant qu'ils servent aux prêtres ou aux laïques.

Sonnettes sacrées ou *Dril-bou*.

Chasse-mouches fait d'une queue de yack fixée à un manche de jade incrusté de pierreries, insigne du grand-prêtre.

Série de *Khor-lo*, cylindres ou moulins à prières. A chaque tour qu'il fait faire au cylindre, le fidèle gagne la même dose de mérite que s'il avait lu d'un bout à l'autre les prières qui y sont renfermées.

*Damarou*, tambour sacré faitavec deux crânes humains soudés par leur sommet et recouverts de parchemin.

*Rkang-doung*, trompettes faites avec des ossements humains.

*Doung-çan-kha*, trompette faite avec une conque marine.

*Manis*, pierres et cailloux sur lesquels sont gravées *Derrière.* les six syllabes de l'invocation *Om ! Mani padmé. Houm !*

Monnaies d'offrande taôiques.      *Côté qui fait f*
Boussole de géomancien chinois.      *à la vitrine 2*
Exemplaire du *Taô teh King* de Laô-tseu.
Coupes pour les offrandes de fruits aux ancêtres.

TIN KONG
Dieu du soleil.

# CHINE

Des trois religions principales que possède la Chine, la première, le *Confucianisme*, est le culte officiel de la Cour, des fonctionnaires et des lettrés; les deux autres, le *Taôisme* et le *Bouddhisme*, sont plutôt des croyances populaires. Cependant on peut dire, d'une façon générale, que les Chinois professent les trois religions à la fois : suivant le Confucianisme pour la morale; s'adressant au Taôisme dans les besoins matériels de la vie; et au Bouddhisme pour le culte des morts et les funérailles principalement.

Chronologiquement, l'étude des religions de la Chine devrait commencer par le confucianisme et le taôisme. Nous avons renversé cet ordre afin de rapprocher le bouddhisme chinois de celui du Tibet.

# BOUDDHISME CHINOIS

## *Vitrine* 17

### BOUDDHAS ET BODHISATTVAS

Statuettes de bronze représentant le Bouddha Éternel O MI-TÔ-FOH, ou Amitâbha, président du paradis de Soukhâvatî, inspirateur de Çâkya-Mouni ;

le Dhyâni-Bouddha RATNA-SAMBHAVA ;

Le Dhyâni-Bodhisattva, VADJRA-DHATOU.

Plaque de porcelaine peinte représentant une vue de l'île de King-tchang, célèbre par son temple bouddhiste.

Brûle-parfum de porcelaine bleue portant la marque du temple de King-tchang.

*2e rayon.*    Statuettes de bronze représentant le Bouddha naissant, c'est-à-dire ÇÂKYA-MOUNI enfant, prenant possession du monde. Il montre d'une main le ciel et de l'autre la terre.

Belle statuette de bronze (XVIIIᵉ siècle) : ÇÂKYA-MOUNI pénitent, maigre, émacié par les austérités et le jeûne. Il ne mangeait, dit la légende, qu'un seul grain de riz par repas. Il a les cheveux et la barbe courts et frisés et tient le *pâtra*, bol à recevoir les aumônes. Il est drapé dans le linceul, ramassé dans un cimetière, dont il fit son premier vêtement de religieux.

Statuettes représentant ÇÂKYA-MOUNI sous la forme de Bouddha parfait, assis sur un lotus, tel qu'il trône dans la gloire du Nirvâna.

*3. rayon.*    Tablette impériale bouddhique en bois sculpté peint en rouge et doré.

Deux statuettes en bois doré du Bouddha naissant.

*rtie droite,*
*on du bas.*    Chapelle de bois sculpté renfermant une statuette dorée, également en bois, de KOUAN-YIN coiffé de la couronne à cinq feuilles des Bodhisattvas, avec dix-huit bras (tous les attributs manquent) et assis sur un lotus. — Le Bodhisattva Kouan-yin personnifie la grâce divine.

*2e rayon.*    Statuette de bronze (*dans le coin à droite*) : MILÉ POU-SA (Maïtréya), le futur Bouddha, successeur désigné de Çâkya-Mouni, coiffé d'un diadème, assis sur

ÇÂKYA-MOUNI PÉNITENT
Bronze du XVIIIᵉ siècle.

un lotus la jambe droite repliée et la gauche pendante.

Miroir convexe, *Yang-King*, en cuivre poli, servant
aux opérations de magie et d'astrologie.

LE BODHISATTVA KOUAN-YIN
Bois doré du XVIII° siècle.

Très belle statuette de bois doré du XVII° siècle
KOUAN-YIN, à douze bras, portant le soleil et la lune,
une épée, une pagode, un étendard, vêtu d'une robe
flottante, les cheveux relevés en nœud et une couronne sur la tête.

Grelots de temple, *Mo' youi*, en bois.

Tambour de temple, en bois.

Deux statuettes de bronze : Éléphant, monture ordinaire du Bodhisattva Pou-hién, et lion monture de Oén-chou. Ce sont des porte-baguettes d'encens.

*3º rayon.*

# *Vitrine* 18

## BODHISATTVAS, DIEUX ET GÉNIES

Statuette de bronze : OÉN-CHOU (Manjuçrî), dieu de la science, sous sa forme taôiste et assis sur un lion.

*Partie ver droite.*
*2e rayon.*

Statuette de bronze : OÉN-CHOU, sous la forme taôiste, assis sur l'animal fabuleux *Kaï ti*, sorte de rhinocéros ou de licorne.

Statuettes de prêtres bouddhistes ou *Lohans*.

Cloches bouddhiques en bronze servant pour les cérémonies funéraires.

Statuettes de génies protecteurs de la religion bouddhique.

Objets divers servant au culte : brûle-parfum, animaux porte-baguettes d'encens, etc.

*3º rayon.*

Trois statuettes de bois doré : KOUAN-YIN voilé, assis sur un rocher, les pieds sur des lotus, entre OÉN-CHOU sur un lion et POU-HIÉN sur un éléphant.

Statue de bronze, très ancienne, mais redorée : POU-TAÏ, ancien prêtre tenu pour une incarnation de Mi-lé-Pou-sa, le Bouddha futur ; personnage à gros ventre, la tête ornée d'une couronne, tenant un chapelet et les cordons du sac sur lequel il est assis. Sou-

*Partie ver gauch*

vent on l'appelle simplement *Pou-sa*, c'est-à-dire Bodhisattva.

Statuette de bronze laqué (XVIIᵉ siècle) : HIOUÉN-THSANG (?), le célèbre moine-pèlerin bouddhiste qui visita l'Inde au VIIᵉ siècle de notre ère, coiffé d'une sorte de chapeau, *pilô*, vêtu de la robe sacerdotale, la main droite levée, la gauche tenant un bol à aumônes, et assis sur un tabouret.

*2ᵉ rayon.*  Prêtres bouddhistes, *Lohans*, et serviteurs de Kouan-yin.

*artie plate,*
*devant.*  Très belle peinture à l'encre de Chine sur soie, du XIᵉ siècle (1081), représentant la légende de l'ogresse HARITÎ. Elle avait 999 filles, et un seul fils qu'elle préférait à tous ses autres enfants. Çâkya-Mouni le lui enleva et ne consentit à le rendre qu'après qu'elle eut fait le serment de ne plus manger de chair humaine. Par la suite, cette ogresse se convertit et devint une fervente bouddhiste.

*Derrière.*  Peinture à l'encre de Chine sur soie : Les dix-huit grands *Lohans* (Arhats), disciples principaux de Çâkya-Mouni.

Spécimens de manuscrits Lô-lô.


## *Vitrine* 19.

### LOHANS OU ARHATS

*e verticale.*  Statue bois doré : LOHAN en costume de prêtre.

Statuette bois doré : TA-MÔ, missionnaire indien, fondateur de la première communauté bouddhique en Chine, la barbe courte et frisée, un pan de son manteau rejeté sur sa tête.

Statuettes diverses représentant des *Lohans*.

Album de vingt miniatures sur feuilles de figuier re- présentant le dieu Oui-tô ou Bouddha-Véda (Brahmâ), et dix-neuf Lohans ; provenant de la collection Kla- proth.

Album représentant les trente-trois incarnations du dieu Kouan-yin, auxquelles on en a joint une trente- quatrième sous les traits d'un prince d'Orange.

## *Vitrine* 20.

### KOUAN-YIN

Le Dhyâni-Bodhisattva KOUAN-YIN (Avalokitêçvara), fils spirituel du Dhyâni-Bouddha O-mi-tô-foh, est le dieu de la charité et de la grâce. Il est né d'un rayon de lumière sorti de l'œil droit d'Amitâbha. S'il a sou- vent onze têtes, c'est qu'à peine né il fit le vœu de sauver tout d'un coup tous les malheureux souffrant dans l'enfer, et que, dans sa douleur d'avoir échoué, sa tête se rompit en mille morceaux. Amitâbha s'em- pressa bien de la raccommoder, mais ne put parvenir à réunir tous les morceaux en une seule tête ; il fallut qu'il en fît dix nouvelles. Kouan-yin s'est incarné très fré- quemment (au moins trente-trois fois) pour le plus grand bien de l'humanité, en homme, en femme, en démon, etc., c'est-à-dire qu'on lui a appliqué nombre de légendes chinoises relatives à des divinités locales ou à des personnages renommés pour leur sainteté. Ainsi, il se confond souvent avec Si-oang-mou, déesse du mont Koén-Loun, avec Mâ-tsô-pô, déesse de la mer, et Miaô-tchén, déesse de l'île de Pou-tô, incarnation de la piété filiale. Dans ce dernier cas, on lui donne mille bras et il est le protecteur des navigateurs. On doit le représenter sous les traits d'un jeune homme d'environ dix-huit ans ; mais, en Chine, on lui donne de préférence l'aspect féminin. Cette vitrine renferme la plupart des incarnations principales de ce dieu.



Statuette de bronze : KOUAN-YIN, assis dans l'attitude de la méditation, coiffé de la couronne de Bodhisattva ; à sa droite, une bouteille ; à sa gauche, un perroquet ; devant lui, ses deux serviteurs : Loung-nou, à sa droite, et Hoang-tchén-saï, à gauche.

Très belle statue de bronze (XVIIe siècle) : KOUAN-YIN, debout la tête couverte d'une couronne surmontée d'un vase, la main droite fermée et le bras à moitié replié, la main gauche ouverte tendue vers la terre (geste de charité), vêtu d'un long vêtement surchargé d'ornements.

Belle statue de bronze (XVIe siècle) : KOUAN-YIN, assis sur un plant de lotus en bois d'ébène, coiffé d'une couronne à huit feuilles surmontée d'une figure du Bouddha Amitâbha, les deux mains posées l'une sur l'autre (méditation), vêtu d'un manteau fermé par sept agrafes.

Statuette de bronze : KOUAN-YIN, en marchande de poisson.



Statue sculptée dans une racine de figuier : KOUAN-YIN debout, la main droite levée pour enseigner.



Statuettes de KOUAN-YIN en porcelaine, dite *Blanc de Chine. — A remarquer* : Les figures de Kouan-yin coiffées à la mode française de la cour de Louis XIV et la Kouan-yin « donneuse d'enfants », portant au cou un collier en forme de croix et tenant sur ses genoux un enfant ; à ses pieds, Hoang-tchén-saï et Loung-nou.

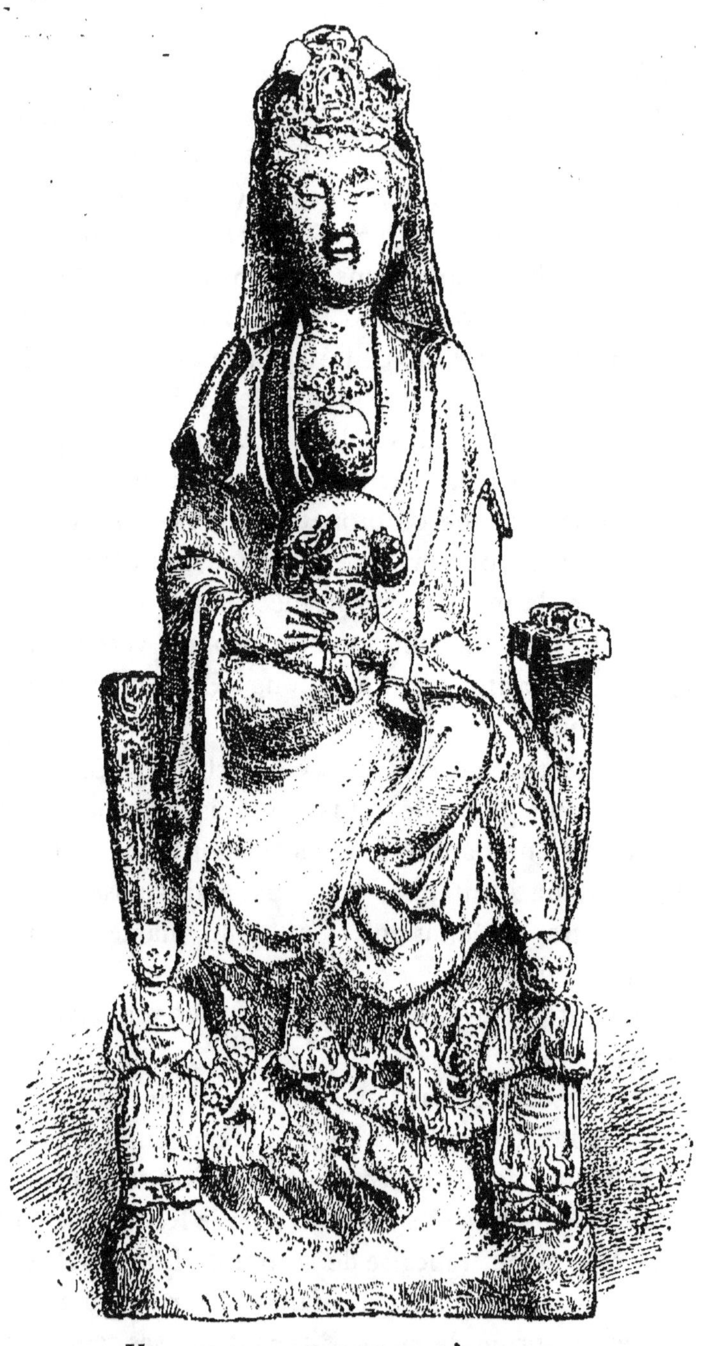

Kouan-yin donneuse d'enfants

Porcelaine blanche de Nankin.

*Partie droite,*
*1ᵉʳ rayon.*

Statuettes en bronze : Transformation de KOUAN-YIN en démon, KOUËÏ, ou en lutteur, la main droite levée, la gauche appuyée sur la hanche.

Statuette de bronze : HOANG-TCHÉN-SAÏ, disciple de Kouan-yin (légende de Miaô-tchén), tenant des deux mains une fleur de lotus percée pour recevoir un bâtonnet d'encens.

Statuette de bronze : LOUNG-NOU, servante de Kouan-yin, portant la perle lumineuse.

Diverses autres statuettes de Hoang-tchén-saï, de Loung-nou et de Kouëï.

*2ᵉ rayon.*  Figures diverses de KOUAN-YIN. — Au premier rang, statuette de bronze doré très belle et très ancienne : KOUAN-YIN assis, avec une auréole, ou gloire, en forme de feuille de figuier découpée à jours, une couronne sur la tête, et tenant un chapelet de la main droite. A sa droite se trouve son disciple Hoang-tchén-saï. Loung-nou manque. Assis aux pieds du dieu, un lion bouddhique, ou chimère.

*3ᵉ rayon.*  Statue bois doré (XVIᵉ siècle) : KOUAN-YIN couronné, assis, à dix-huit bras. Deux de ses mains sont jointes, deux croisées et posées sur les genoux ; dans les autres, il porte le *vajdra* (foudre), le bol à aumônes, un vase, la roue de la loi, une grenade et une sonnette. Sur l'auréole en forme de feuille de figuier qui l'abrite se trouvent un Bouddha et six objets symboliques posés sur des lotus renversés : une conque, une roue, un parasol, deux poissons, un vase et une fleur. Sur le socle de la statue : un personnage monté sur un chameau, une chimère, trois boules représentant les *Trois joyaux*, un perroquet et une grue.

Statuette de bronze : HOANG-TCHÉN-SAÏ, les mains jointes, debout sur un lotus.

Statuettes de porcelaine représentant KOUAN-YIN en diverses postures. *4e rayon.*

*Kipó* (tableau), peint sur papier, moderne : MILÉ-POU-SA (Maïtréya), le Bouddha futur, debout sur un lotus, le corps penché en avant, tenant de la main gauche une pagode, la droite dirigée vers la terre pour attirer les hommes à lui. *Entre les fenêtres.*

*Hô-chang*, prêtre bouddhiste chinois, vêtu de la robe jaune et du bonnet noir carré réglementaires, tenant un encensoir en forme de fleur de lotus. — *Peinture de Félix Régamey*.

Deux peintures très rares de l'école dite *Kano*, représentent des acrobates, et proviennent de la collection Klaproth. Dix autres peintures de la même école sont disséminées dans la galerie.

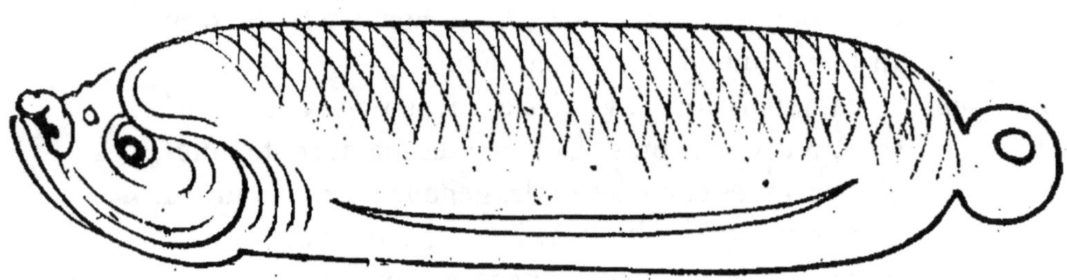

MÔ-YOUI
Grelot de temple.

PAÔ-YUEH-KOUANG
Déesse de la lune.
Terre cuite chinoise.

# TAOISME

## *Vitrine* 21.

### GRANDES DIVINITÉS

Très belle statue de bronze (XVIᵉ siècle) : LAÔ-TSEU. *Partie dr[oite]*
*1er rayo[n]*

LAÔ-TSEU
Bronze chinois du XVIᵉ siècle.

HOANG-TIÉN-CHANG-TI

Dieu du ciel.

Bronze chinois du XVIII° siècle.

tenant un livre et monté sur un buffle. — Cette statue se rapporte à la légende de la disparition de Laô-tseu. Le philosophe vivait dans un ermitage, situé sur une montagne. Il était parvenu à un grand âge, lorsqu'un jour un buffle harnaché vint s'arrêter devant sa porte comme pour l'inviter à une promenade. A peine Laô-tseu fut-il monté sur son dos que l'animal partit au galop, l'emportant dans la direction de l'Occident.

Belle statuette de bronze (milieu du XVI<sup>e</sup> siècle) : LAÔ-TSEU sur son buffle, remettant son livre du *Taô-teh-king* à son disciple Ing-ty.

Statuette de bronze (XVII<sup>e</sup> siècle) : LAÔ-TSEU debout, les mains croisées dans ses manches, tenant un livre roulé sous son bras.

Statuette de bronze : LAÔ-TSEU sur un cheval. C'est ainsi qu'on le représente comme troisième personne de la trinité San-tsing.

Statuette de bronze laqué : LAÔ-TSEU sur un buffle.

HOANG-TIÉN-CHANG-TI, dieu du ciel, tenant la ta- *2<sup>o</sup> rayon.* blette *tsaô-pan*, assis sur un cheval. — Bronze du XVIII<sup>e</sup> siècle.

HÉOU-TOU, déesse de la terre, en costume d'impératrice. — Bronze du XVI<sup>e</sup> siècle.

LAÔ-TSEU assis, appuyé sur un accoudoir.

Statuettes de bois doré et de bronze représentant le *3<sup>o</sup> rayon.* dieu suprême CHANG-TI sous sa forme la plus habituelle, tenant en main la tablette de jade, *tsaô-pan*, sur laquelle les anciens mandarins écrivaient leurs notes lorsqu'ils devaient se présenter devant l'empereur.

## DIVINITÉS SIDÉRALES

OEN-TCHANG-TI-KIUN, dieu de la constellation *Oen-* *Partie gauche* *tchang*, tenant un livre roulé. — Statue de bois doré. *rayon du bas*

Statuette de bronze : Hièn-oou-tièn-Kiun, ou Sou-Sing, ou Pé-téo-ti-Kiun, dieu de l'Étoile polaire et du Nord, assis sur un tabouret. Devant lui, une tortue enveloppée dans les replis d'un serpent.

Statuette de bronze : Hièn-oou-tièn-Kiun, tenant une gourde.

Statuette de bronze : Ti-yé-gou-kon-tièn-song, dieu de l'étoile *Ta-i* (?). Personnage à longues moustaches, tenant un vase et assis sur un lotus.

Le dieu de la Grande-Ourse, Kouëï-Sing, représenté avec une figure horrible et une attitude très mouvementée. Il porte habituellement le pinceau à écrire, un lingot d'argent, symbole de la fortune que procurent les lettres, et le boisseau. Il a souvent un pied sur la tête du dragon-tortue *Ngao*, qui lui sauva la vie lorsqu'il tenta de se noyer de désespoir de s'être vu refuser, à cause de sa laideur, la fleur d'or, prix d'un examen.

Belle statuette de bronze (xviii<sup>e</sup> siècle) : Kouëï-Sing, tenant d'une main le pinceau, de l'autre le lingot, et maintenant le boisseau en équilibre sur le talon de son pied gauche.

Nan-Kiun Lao-chen, ou Chò, incarnation de Laòtseu, et dieu de la *Croix du Sud*, tenant un sceptre à la main et assis sur un mulet. — Bronze ancien.

*3<sup>e</sup> rayon*    Autres images de Kouëï-Sing, en bronze et en lardite.

Chang-ti

Empereur suprême du ciel.
Bois doré du XIIIᵉ siècle.

## QUATRIÈME SALLE

### *Vitrine 22.*

### DIVINITÉS SECONDAIRES

*ayon du bas.*  Statuette de porcelaine céladon violet et bleu très ancienne (époque Soung) : FOU-HI, premier empereur de la Chine, civilisateur, inventeur de l'agriculture et de l'écriture.

CHIN-NOUNG, inventeur de la médecine (second empereur mythologique, successeur de Fou-hi), vêtu de feuilles et portant un sceptre. Sa tête présente les deux excroissances cornues attribuées aux trois premiers empereurs mythologiques que l'on représente même parfois avec une tête de taureau ou de dragon. — Bronze du XVIIe siècle.

Les deux FÔ-HAÔ, génies de l'amitié, l'un portant une boîte, l'autre un lotus. — Bronze du XVIIIe siècle.

FÔ, dieu du rang et des honneurs, président de la trinité du bonheur, entouré d'enfants. — Porcelaine peinte.

FÔ, LÔ et CHÔ, les trois dieux du bonheur ; groupe de lardite.

LIMPAÔ ou LÔ, dieu de la génération, assis sur un *kilin* ; bronze.

Le même, sur une *chimère* ; bronze.

### DIEUX DE LA FORTUNE

*rtie gauche,*
*2º rayon.*  KOU-LOUNG ou TÔ-TI-KONG, dieu du sol et de la richesse, tenant un lingot d'argent et assis dans un fauteuil ; bois.

Tsou-Kouan, dieu des honneurs, en costume de ministre, assis dans un fauteuil; bois.

Tsou-Lô, dieu de la chance, les deux mains dans ses manches; bronze.

Ou-lô-tchay-chin, dieu de la prospérité pastorale, portant un petit bélier; bronze.

Tchou, dieu du grain, vêtu de feuilles et tenant des épis de blé; bronze doré.

Kouéï Sing, dieu de la fortune littéraire, tenant un pinceau et un lingot; bronze autrefois doré.

Images du Dieu du Jeu, tantôt sur le *kilin*, tantôt sur la *chimère*; bronze.

## DIEUX DES LETTRES

Ces dieux, comme leur nom l'indique, sont les pa- 3º *rayon.* trons des lettrés et des savants, et également les protecteurs des étudiants. Ils appartiennent à la classe des *Chens* ou Esprits et passent pour avoir jadis vécu sur la terre. Ils sont cinq :

Oen-tchang, président du groupe, philosophe, lettré et alchimiste, en costume de mandarin et tenant la tablette *tsaô-pan*; bronze.

Statuette de bronze (XVIIe siècle) : Lou-tong-fin ou Lou-sieu-tsou, célèbre philosophe et alchimiste, debout, en costume de lettré, portant sur son dos l'épée miraculeuse qu'il a reçue de Tchoung-li, le président des *Pa-Chens*.

Groupe de pierre : Kouan, forme de Kouan-ti, dieu de la guerre, entre son fils Kouan-ping et son écuyer Tchéou-thsang. Il est aussi le dieu des marchands, comme personnification de la foi jurée et de la probité.

Kouëï-Sing, tenant le pinceau et le lingot d'argent ; bronze.

Tsou I, ou l'*Habit rouge*, qui préside à la chance dans les examens. Il porte le costume de mandarin et un livre roulé ; bronze.

A côté d'eux se trouvent divers personnages, leurs serviteurs, protecteurs des étudiants qui passent leurs examens.

*Partie droite, 2e, 3o et 4e rayons.*

Figures de Chô, une des nombreuses formes de Laô-tseu, personnage à grosse tête, au crâne très allongé, ordinairement accompagné d'un cerf et d'une grue, et quelquefois d'une tortue à queue. Il a pour attributs le livre, le bâton, l'éventail et la pêche, symboles divers du bonheur. Il fait partie de la trinité des dieux du bonheur en qualité de dieu de la longévité, et réside dans la constellation de la Croix du Sud.

Chô, dieu de la longévité, portant un bâton et un livre, assis sur un animal ressemblant à un guanaco qui tient une branche de pêcher dans sa bouche ; xvie siècle.

Belle statuette de bronze, époque Ming (xvie siècle) : Chô, avec le livre et le cerf.

*A gauche de la vitrine.*

Groupe rustique, en racine de figuier, représentant la trinité du *Bonheur*. Au milieu, Fô tenant sa barbe de la main gauche ; à gauche, Lô, portant un enfant ; à droite, Chô, tenant un bâton et une pêche.

## *Vitrine 23.*

### CHENS OU ESPRITS

Les dieux inférieurs de la Chine sont, presque sans

Kouëï-Sing

Dieu de la Grande-Ourse et des Lettres.
Bronze chinois du XVIIIᵉ siècle.

exception, les *Esprits* divinisés de personnages, quelquefois imaginaires, presque toujours historiques. C'est pourquoi on leur donne le nom générique de Chens, « Esprits ». A leur tête se trouve un groupe de huit personnages, plus particulièrement vénérés, tous littérateurs, philosophes ou savants que l'on nomme Pa-Chen, « Huit Esprits ».

*Partie gauche, rayon du bas.* Tchoun-li, président des Pâ-chéns, tenant une gourde et un éventail. — Bronze du XVI<sup>e</sup> siècle.

Autres images du même personnage en bronze, en bois, en porcelaine et en pierre.

*2<sup>e</sup> rayon.* Figurines de diverses matières représentant le philosophe alchimiste Lou-tong-pïn.

*3<sup>e</sup> rayon.* Chens divers.

*4<sup>e</sup> rayon.* Chens divers, la plupart indéterminés.

Le philosophe Tong fong-tsô, précepteur de Loutong-pïn.

*Partie droite, 1<sup>er</sup> et 2<sup>e</sup> rayons.* Lan-tsaï-Hô, debout sur une feuille, vêtu d'une pèlerine et d'une culotte de feuille, le crapaud à trois pattes sur l'épaule ; XV<sup>e</sup> siècle.

Même personnage tenant son crapaud dans la main gauche. — Très beau bronze du XVII<sup>e</sup> siècle.

Statuette sculptée dans une racine de figuier : Lan-tsaï-Hô, dansant et tenant une pièce de monnaie (sapèque) dans la main droite. — Ce personnage, dont le rôle exact ne nous est pas connu, est un des *Chéns*, ou sages divinisés. Ses attributs le classent parmi les esprits qui assurent le bonheur. La pièce de monnaie signifie *fortune*, le crapaud *longévité*, la gourde (qui sert à contenir les remèdes) *santé* ou *immortalité*. Peut-être pourrait-on l'identifier avec *Héou-i* qui reçut de la déesse de la mer la plante merveilleuse avec laquelle se prépare l'*Élixir d'Im-*

*mortalité*. Sa femme *Houng-ngô* lui vola la plante et s'enfuit dans la lune, où elle fut changée en crapaud en punition de son larcin. Il serait également possible de l'assimiler à *Ou-kiang*, sage déifié, qui avait reçu la lune pour résidence, mais qui fut dégradé par le dieu du ciel pour avoir tenté de séduire la déesse de cet astre.

Racine de figuier sculptée : LAN-TSAÏ-HÔ, avec la pièce de monnaie et la gourde, debout sur le crapaud à trois pattes.

Très belle statuette de bronze : LAN-TSAÏ-HÔ, tenant de la main droite un petit crapaud et, de la main gauche, un objet ressemblant à un balai, assis sur le crapaud à trois pattes.

Groupe d'ivoire sculpté : Le philosophe LI-TIÉ-KOUÉ, un des huit principaux Chéns (*Pâ-chéns*), *3e et 4e rayons* assis au pied d'un pin, tenant un chasse-mouche. A côté de lui est un disciple. — Ce personnage est caractérisé par sa laideur, son ornement de tête sorte de bandeau, sa béquille et sa gourde.

Figurines représentant le même personnage dans diverses postures.

LAN-TSAÏ-HÔ et LI-TIÉ-KOUÉ sont généralement connus sous le nom de *Dieux des mendiants*.

## *Vitrine* 24.

### LES DIEUX DU BONHEUR ET LES PA-CHENS

Onze magnifiques statuettes de buis (XVIII<sup>e</sup> siècle) *Partie vertica* représentant la TRINITÉ DU BONHEUR, accompagnée des huit principaux *Chéns*.

Groupe du milieu : Fô, coiffé du *Yù-piên*, coiffure impériale de l'époque Soung, vêtu d'une robe de cérémonie retenue par la ceinture *Yù-tai* à plaque de jade, et tenant un sceptre de mandarin. Il représente le *Rang* et les *Honneurs*.

A sa gauche, Lô, en costume de lettré, tenant un livre roulé. Il donne une nombreuse postérité.

A sa droite, Chô, personnage à grosse tête ovoïde, vêtu en prêtre taôiste, tenant un bâton terminé par une tête de dragon et une pêche. C'est le dieu de longévité.

A gauche et à droite, les *Pá-chéns* : LI-TIÉ-KOUÉ, laid et boiteux, appuyé sur sa béquille et portant une gourde sur son dos. C'était un philosophe jeune, beau, riche et si savant qu'il pouvait séparer son âme de son corps et l'envoyer voyager dans le ciel. Pendant une de ces absences de son âme, le corps du philosophe fut brûlé dans l'incendie d'une forêt, et, à son retour, l'âme n'eut d'autre ressource que de se glisser dans le corps d'un vieux mendiant infirme qui venait de mourir. D'après une autre légende, le corps du sage avait été enterré prématurément par suite de la négligence du disciple chargé de le veiller.

TCHOUNG-LI, président des *Pá-chéns*, coiffé comme une femme, en costume de lettré, tenant un chasse-mouche et une orange. Celui-ci est un ancien général de la dynastie Han. Il commanda une expédition contre le Tibet et, mis en déroute, s'égara dans les montagnes. Cet événement décida de sa vocation. Il se fit ermite et parvint à une grande réputation de sainteté et de science. Des prodiges avaient accompagné sa naissance : son corps resplendissait d'une lumière éclatante et il parla au bout de sept jours.

Tchaï Kouô-Kiou, en costume de lettré, tenant un chasse-mouche et une flûte. Il se retira au milieu des montagnes désertes et se consacra à la religion par chagrin et honte des crimes de son frère.

Tchiang-Kouô-Laô, tenant un tambourin de bambou. Ce personnage, un des plus célèbres parmi les *Chèns*, était possesseur d'un âne blanc d'une vitesse extraordinaire. Arrivé à destination, il serrait son âne dans une boîte ; quand il voulait s'en servir, quelques gouttes d'eau suffisaient pour lui rendre sa taille et sa vigueur.

Lan-Tsaï-Hô, tenant un chasse-mouche et des castagnettes, *pé-pan*. Il mérita sa réputation de sainteté par les mortifications qu'il s'imposait, vivant sans domicile, couchant dans la neige, toujours vêtu de guenilles, mendiant pour faire des aumônes. Il ne mourut pas, mais fut enlevé au ciel par une cigogne.

Hô-sieu-kou, tenant un chasse-mouche et une orange. Hô-sieu-kou était une femme. A l'âge de quinze ans, ayant vu en songe un personnage divin, qui lui promit l'immortalité, elle se consacra à la vie religieuse. Elle ne mangeait jamais. Elle se mouvait avec la rapidité de l'éclair, prérogative qui lui permettait d'aller chercher à de grandes distances les fruits rares que demandait sa mère malade. Enlevée au ciel en plein jour, à la vue de tous les habitants de son village, elle revient souvent sur la terre, où elle apparaît dans les nuages.

Lou-tong-Pïn, portant son sabre. Ce saint était un savant distingué, lauréat du difficile concours du troisième degré. Il se retira dans une caverne pour philosophiser à son aise et composer des livres taôistes

C'est là qu'il reçut la visite de Tchoung-li, le président des *Pa-chéns*, qui lui fit don d'un sabre miraculeux auquel rien ne pouvait résister, et dont il se servit pour purger la Chine des démons, des monstres et des bandits qui l'infestaient. Après sa mort, il fut élevé au rang de dieu des lettres.

HAN-CHAN-TZÉ, représenté avec un chasse-mouche et un panier de pêches. Il mourut d'une chute du haut d'un pêcher. Pendant sa vie il fit plusieurs miracles, entre autres de remplir d'eau-de-vie de riz un tonneau vide et de faire pousser des fleurs sur lesquelles se lisaient des poésies en caractères d'or.

*Partie plate, devant*  Peinture sur soie, représentant une fête au palais impérial, signée du nom de *Tchan-tá-tsoui*, célèbre peintre de la dynastie Soung (960-1260). Signature douteuse.

*A gauche.*  Collection de brûle-parfums, de petits vases, boîtes et autres menus objets de bronze.

*A droite et derrière.*  Monnaies chinoises en bronze. Les plus anciennes ont la forme de cloches et de couteaux. La première de la première colonne (*à gauche*) est attribuée au règne de Chun (2277-2217 av. J.-C.) ; la seconde, au règne de Yû (2217-2197 av. J.-C.). Ces attributions sont douteuses.


## *Vitrine 25.*

### DIVINITÉS TERRESTRES

*Partie verticale.*  Groupe de bois sculpté : KIN-MOU ou SI-OUANG-MOU, déesse du mont Koén-loun, montée sur un cerf, accompagnée d'un serviteur chargé de deux livres roulés.

*Bateau persan*, navire en bronze du XVIe siècle, symbole de bonheur.

Statuettes de bronze : CHENS divers.

Racine de figuier sculptée : Bateau fleuri monté par des Chens.

Belle statuette de bronze : SI-OUANG-MOU, debout 2e *rayon*, sur un socle orné du champignon (symbole de bonheur), tenant une pêche (symbole de longévité). C'est une souveraine mythologique, mère du roi d'Occident (?). Elle vint, dit-on, en 1001 av. J.-C., rendre visite à l'empereur Mou-oang. On la confond souvent avec Kin-mou, déesse du mont Koen-loun, avec Héou-tou, déesse de la terre, avec Tién-héou-sin-mô, déesse de la mer, et avec Kouan-yin.

Statuette de bronze : CHIN-TÔ, dieu des portes, chargé d'interdire aux démons l'entrée des maisons, vêtu d'un manteau de feuilles et armé d'un bâton.

Belle statuette de bronze : HIOUÉN-MING, dieu de l'hiver.

Statuette de bronze : HIOUÉN-MING, dieu de l'hiver, tenant un verre ou une tasse dans la main droite et une boîte ronde dans la gauche.

Deux statuettes de bois peint, assises dans des fauteuils représentent des Génies protecteurs des villes. Leur nom générique est TCHING-HOANG. Comme patron d'une ville prise en particulier, dieu *des murs et des fossés*, ce génie est appelé SING-ONG-YA. Il a la charge de la protection et de la surveillance de la ville. Il possède la liste de tous les habitants, surveille et enregistre toutes leurs actions. C'est aussi l'agent de YEN-LO-OANG (Yama), le dieu de la mort. Il est responsable de la prospérité de la ville et de l'arrondissement. Les désastres qui la frappent, inondations, épidémies, etc., sont attribués à sa négligence et entraînent presque toujours sa destitution. Les Tching-hoangs sont toujours choisis parmi les anciens fonctionnaires ou les enfants illustres de la cité. Le Sing-ong-yâ de Pékin est le supérieur de tous les autres.

LES TROIS DIEUX DU FOYER DOMESTIQUE. Statuette de bronze : KOUAN-YIN, déesse de la grâce, protectrice des femmes et des enfants, assise et tenant un enfant sur son genou ;

Statuette de bronze : TÔ-TI-KONG ou KOU-LOUNG, dieu du sol et de la richesse, tenant un lingot et assis dans un fauteuil ;

Statuette de jaspe incrusté d'or : TSAÔ-KOUNG-KONG, dieu du feu, du foyer et de la cuisine, tenant un vase. On lui donne aussi les noms de *Ki, Oeï, Tchouh-young* et *Ngao*. Ici, il a [la forme Oeï, c'est-à-dire l'aspect d'un jeune garçon beau et robuste [1].

Petits vases, boîtes et objets divers en bronze.

Statuettes diverses de divinités indéterminées.

*3e rayon.*   Écran en ivoire peint : SI-OANG-MOU et sa servante, apportant les *pêches d'immortalité* à l'empereur Mou-oang.

Tablette portée par deux enfants. Elle s'emploie dans les sacrifices magiques. Pour avoir toute son efficacité, elle doit être faite du bois d'un arbre frappé par la foudre.

*Partie plate.*   Lettre de félicitations de l'empereur Taô-kouang au général Kin-yén-Pou, écrite sur une étoffe brochée, datée de 1840.

Décorations militaires en argent.

Coupes représentant les PA-CHENS.

---

1. Dans les maisons chinoises, les trois *dieux du foyer* figurent toujours sur l'autel domestique à droite des *tablettes ancestrales*.

Scènes de la vie légendaire des *Chéns* peintes en gris sur papier noir.

Livres de Confucius.

## *Vitrine* 26.

### VASES DU CULTE DES ANCÊTRES

Très beau vase funéraire en bronze de l'époque *Rayon du bas* Soung, avec couvercle en forme de coupe renversée.

Autre vase, mais sans couvercle, à décor ancien; bronze de l'époque Ming.

Grand vase carré à arêtes saillantes, *Fan-kou*, servant à contenir la bière de maïs ou le vin du sacrifice; bronze à cire perdue daté de l'époque Tchéou; à coup sûr, plus moderne.

Très beau vase à sacrifice, en bronze fondu à cire *2° rayon.* perdue (*devant, à gauche*), à anse ornée de deux têtes de dragon, daté de la dynastie Chang (1783-1137 av. J.-C.).

Brûle-parfum (bronze du XVIe siècle) ayant la forme de l'animal fantastique *Ki-lin*, sorte de licorne à tête de lion.

Vase à sacrifice (bronze à cire perdue) à quatre ailettes, suspendu à un arceau de palissandre; également ment daté de la dynastie Chang.

Aiguière de bronze vert (époque Soung, 960-1279), ornée d'une guirlande de fleurs très finement gravée au burin. Très belle pièce.

Cuvette, *Tsèng*, pour l'ablution des mains.

Vase en bronze vert, *Tung de Tchung-ku-lou*, ayant la forme d'un animal à tête de taureau et à corps de sanglier appelé *Taô-tièh* et considéré comme le symbole des ambitieux et des gourmands ; daté du règne Ngan-Oang de la dynastie Tchéou (400 av. J.-C.). On prétend qu'il ne fut fait que trois de ces vases, qui furent perdus sous le règne des Han et dont l'un fut retrouvé, en 240, dans un égout de la capitale de la province de Lou. — C'est, sans doute, la reproduction de ce vase.

*3e et 4° rayons.*     Collection de vases en bronze servant dans les sacrifices taôiques. Les vases à jour, fondus à cire perdue, servent à contenir les baguettes de divination. Ils sont, la plupart très anciens.

# CONFUCIANISME

## *Vitrine 27.*

*Rayon du bas.*     Brûle-parfums en bronze ; époque Ming.

Modèles, en lardite, de tombeaux d'après le rite confucéen.

*Kilins*, en bronze, supportant des disques votifs en jade.

*Partie droite, 2e rayon.*     Au fond, *Ki-pô*, peinture moderne sur papier, représentant KOUNG-FOU-TSEU (Confucius) en costume royal et jouant du *Kin*.

Statuette de bronze : KOUNG-FOU-TSEU, en costume royal, assis sur un fauteuil.

Deux tablettes d'honneur offertes à des mandarins; bois peint.

Tablette impériale en bois sculpté, peinte en rouge

CONFUCIUS
Bronze chinois.

CHÉOU-TSANG         KOUAN-TI         KOUAN-PING

et or, placée dans tous les temples pour représenter l'Empereur.

Deux vases, *Tö-king*, de forme carrée, en bronze doré.

Statuette de bronze enrichie de rubis : KOUAN-TI, *Partie gauche,* dieu de la guerre, assis sur un tabouret. A sa droite *2e rayon.* est placé son écuyer Tchéou-tsang, armé d'une hallebarde, et, à sa gauche, son fils Kouan-ping, porteur d'une bourse. Ces trois statuettes sont du XVIIIe siècle. — KOUAN-TI était un général de l'époque des Trois Royaumes ou *San-Koué*; il a été élevé au rang des Esprits célestes en 1128 par l'empereur Kao-Tsoung et, plus tard, en 1594, définitivement déifié par décret de l'empereur Chin-Tsoung.

Statuette de bois du XVIe siècle : KOUAN-TI revêtu, par dessus son armure, d'une robe de cérémonie.

Petit paravent en laque de Coromandel.

Diverses autres figures de KOUAN-TI et de ses in- *3e rayon.* carnations.

## SALLE DE JADE

Le *jade* a été et est encore, pour les Chinois, la pierre précieuse par excellence, et son nom YU sert à désigner en général tout ce qui est rare. C'est pourquoi on a donné ce nom à cette salle où sont réunis les objets de la collection chinoise les plus précieux par leur matière et leur travail. Beaucoup proviennent du Palais d'Été. Ils ont donc appartenu à des personnes de la famille impériale. D'autres portent des inscriptions rappellant qu'ils ont été offerts à de hauts personnages.

Cette salle est entièrement tendue de vieilles étoffes chinoises de soie brodées, offertes à des temples ou à des particuliers à l'occasion d'anniversaires de naissance, de mort ou d'élévation à de hautes fonctions. Une série d'anciens vases de bronze et de porcelaine en complète la décoration.

## *Vitrine* 28.

Pièces diverses en jade vert foncé, vert clair, cristal de roche blanc, cristal de roche rose, cristal fumé, cornalines pures et à deux couleurs, malachite, agate, etc.

## *Vitrine* 29.

*Au fond.*      *Ki-pó*, peint sur papier par *Ou-tchoung* (XVIII° siècle) : Deux *Chéns* et un jardinier qui apporte des fleurs dans une brouette.

Autre *Ki-pó*, peint sur soie (XV° siècle) : Femme chinoise avec le costume de l'époque, portant un panier de fruits (œuvre célèbre en Chine et au Japon, et souvent reproduite).

*Rayon du bas.*      Brûle-parfum en bronze incrusté d'argent (XVII° siècle), sur un socle de laque rouge et or.

Statuette de bronze (XVIII° siècle) : KOUAN-TI, dieu de la guerre, tenant une hallebarde, debout à côté de son cheval. — Le cheval sert de brûle-parfum.

Tableau en laque rouge massive de Pékin, représentant le siège et la prise de la forteresse de Ji-Pang par l'armée du général Ming-Liang-Kién, avec une poésie de Téh-Ngan-Tsou-Tchou.

KOUAN-TI

Dieu de la guerre.

Bronze chinois du XVIII° siècle.

Statuette de sulfure d'arsenic : Le Bouddha ÇÂKYA-MOUNI.

Statuette de pierre grise : Même personnage.

Brûle-parfum, très beau bronze de la dynastie Ming (xvᵉ siècle) enrichi de rubis. Sur le couvercle, un éléphant couché en rond à la façon d'un chien. Les pieds du brûle-parfum sont formés de trois têtes d'éléphant.

Vase à sacrifice, de forme ovale, à ailettes saillantes, en bronze incrusté d'argent et d'or : décor imité de l'antique ; époque Ming.

*2ᵉ rayon.* Plaque sonore en fer suspendue à un arceau de palissandre.

Écran en vieux cloisonné de Pékin, représentant un paysage.

Statuette de porcelaine céladon très ancienne, probablement de l'époque Soung, représentant TSEU-KOUNG, disciple de Confucius, jouant de l'instrument appelé *Kin*.

Cloche de bronze, époque Tchéou (1134-256 avant J.-C.), ancien instrument de musique, suspendue à un arceau de palissandre par une agrafe en forme de chauve-souris.

Tête de GAROUDA en vieille faïence grand feu (provenant du Palais d'Été).

Statuettes de porcelaine blanche, représentant des Bouddhas habillés à l'européenne.

Petit groupe de porcelaine peinte : Hollandais *flirtant* avec la déesse Kouan-yin.

Figurine d'ivoire : Hollandais faisant le *Ko-laó* (génuflexion) devant l'image de l'empereur ou devant un haut fonctionnaire.

*3ᵉ rayon.* Deux beaux vases à fleurs, en bronze du xviiiᵉ siècle.

*u dessus de la vitrine* Paysage en mosaïque : Vue des bords de la mer.

*à gauche de la vitrine.* Tenture funéraire en soie bleue, représentant les *Pá-Chéns* en costumes européens du temps de Louis XVI.

Très beau vase en porcelaine imitant le bronze, de l'époque de Kien-long (XVIII° siècle).

## *Vitrine 30.*

Plaque en bois de palissandre ornée de dragons *Au fond.* impériaux gravés en or, couverture d'un album de vues du lac d'*In-sin-tsé-ô*, et feuilles de cet album peintes à l'encre de Chine sur fond or, avec poésies de l'empereur Khang-hi.

Sceau de l'empereur Khang-hi, en jade vert foncé, *Rayon du b* avec poignée composée de deux dragons ; provenant du Palais d'Été.

Petit sceau de l'empereur Khang-hi, en jade vert clair ; provenant du Palais d'Été.

Décoration en jade blanc avec dédicace et poésie de l'empereur Hia-ki.

Assiette festonnée de porcelaine peinte, dont le décor représente un empereur recevant des bonzes bouddhistes.

Plat en porcelaine, avec une poésie de l'empereur Khang-hi en l'honneur de la soie.

Sceptre en jade, sculpté en forme de champignon *lin-tseu.*

Sceptre en jade massif de l'époque de l'empereur Young-tching.

Petit sceptre de jade vert.

Autre sceptre en ivoire sculpté et peint.

Sceptre orné de plaques de jade, posé sur un coussin.

Sur deux râteliers, dix sceptres de mandarins en 2° *rayon.* diverses matières.

Tasses en corne de rhinocéros servant à faire les libations de vin pendant les sacrifices impériaux. Les trois tasses placées au premier rang sont très anciennes : les deux de droite, de la dynastie Soung ; celle de gauche, de l'époque Ming.

Disque, ou miroir, en jade vert sculpté.

*3e rayon*   Cinq sceptres de mandarins.

Tasses de porcelaine très fine à décors mandchous.

*4e rayon.*   Deux *Ki*, pierres noires sonores servant d'instruments de musique.

Coupes de jade.

*A droite de la vitrine.*   Beau vase en porcelaine à fond de nuages bleu clair et décoré de dragons rouges.

*Au milieu du panneau.*   Grande statue de bois doré (XVIIIe siècle) : KOUAN-YIN assis, la tête couverte d'un voile, la main droite sur son genoux, la gauche posée sur le bras de son fauteuil.

A droite et à gauche : Vases de bronze de l'époque Thang (618-905).

## *Vitrine* 31.

*1er rayon.*   Décret de l'empereur Kien-long gravé sur dix plaques de jade vert.

*2e rayon.*   Coupe en jade blanc rouillé (qualité très estimée) travaillé au roseau ; très ancienne.

Vase carré, en jade blanc, orné de saillies en forme de pierres de taille, ou plutôt de *Koua* (caractère symboliques, origine de l'écriture chinoise).

*3e rayon.*   Vase carré en jade blanc, forme des vases sacrés, avec anses à têtes d'éléphant soutenant des anneaux.

Bloc de jade vert clair représentant un paysage avec des cerfs.

Statuette de jade verdâtre : Le Bouddha ÇÂKYA-MOUNI.

Vase de jade verdâtre, forme tulipe, renflé vers le milieu de sa hauteur, avec six anses sculptées en relief et portant des anneaux. (Époque Soung, XIIIᵉ siècle).

Trois *Yü-Ki*, plaques sonores, instruments de musique qui se donnent comme cadeau de noce, composés chacun de trois plaques de jade de couleur différente.

Très belle théière en jade vert clair.

Autre théière en jade gris.

Ornements d'autel bouddhique en vieux cloisonné *4ᵉ rayon.* de Pékin.

Brûle-parfum à trois pieds, bronze de la dynastie *A gauche.* Thang (618-905), sur un socle incrusté de nacre.

## *Vitrine* 32.

Costumes de théâtre représentant des vêtements de cour de l'époque héroïque. De même que les comédiens jouent toujours les vieilles pièces en vers de quatre syllabes, ils ont fidèlement conservé les anciens costumes et même les anciens procédés de broderie que l'on ne trouve plus aujourd'hui dans le commerce.

Paysage en mosaïque : Vues des rives d'un fleuve. *Au dessus de la vi* Vase de bronze de l'époque Ming (XVIᵉ siècle). *A gauche.*

## *Vitrine* 33.

OBJETS IMPÉRIAUX. — Vases, plateau, écrans, coupes, tasses en jade et en porcelaine, fabriqués sous le règne de Kién-long et portant des poésies de cet empereur.

*Trois vitrines plates sans numéros* : Collection de sceptres de mandarins et impériaux donnée au Musée par M. Gasnault.

PHÉNIX.

# GALERIE SUR COUR

## INDO-CHINE

### PREMIÈRE SALLE

## CAMBODGE

Statue annamite en bois laqué, représentant un personnage inconnu. *A l'entrée de la salle.*

## *Vitrine* 1.

Collection nombreuse de petites images du BOUDDHA ÇÂKYA-MOUNI, la plupart en bronze.

Statues de bronze représentant ÇÂKYA-MOUNI assis.

Une magnifique statue du saint PHRA-CACHAY, le Pou-taï des Chinois; bronze.

Grandes statues de bois doré du BOUDDHA ÇÂKYA-MOUNI, dont une de style archaïque.

## *Vitrine* 2.

*on du bas.*   Statues du Bouddha ÇÂKYA-MOUNI. — A remarquer surtout : Une grande statue de bois, jadis dorée, très ancienne, représentant ÇÂKYA-MOUNI debout, la main droite sur sa poitrine et la gauche tenant le bord du manteau. — Pagode de Pnum-Santhok.

Une autre statue de bois, peinte en rouge et or : ÇÂKYA-MOUNI, debout, les deux mains ouvertes et présentées la paume en dehors. — Pagode de Pnum-Santhok.

Statue bois doré sur laque noire : ÇÂKYA-MOUNI, assis, les jambes croisées.

Très belle statue de bronze : Le BOUDDHA ÇÂKYA-MOUNI, assis.

*3e rayons.*   Statuettes de Bouddhas et personnages bouddhiques.

*re le mur.*   Vue des ruines du temple d'Angkhor. — *Peinture de M. Rondet.*

## DEUXIÈME SALLE

## *Vitrine* 3.

Statuettes et fragments de statues provenant du temple d'Angkhor.

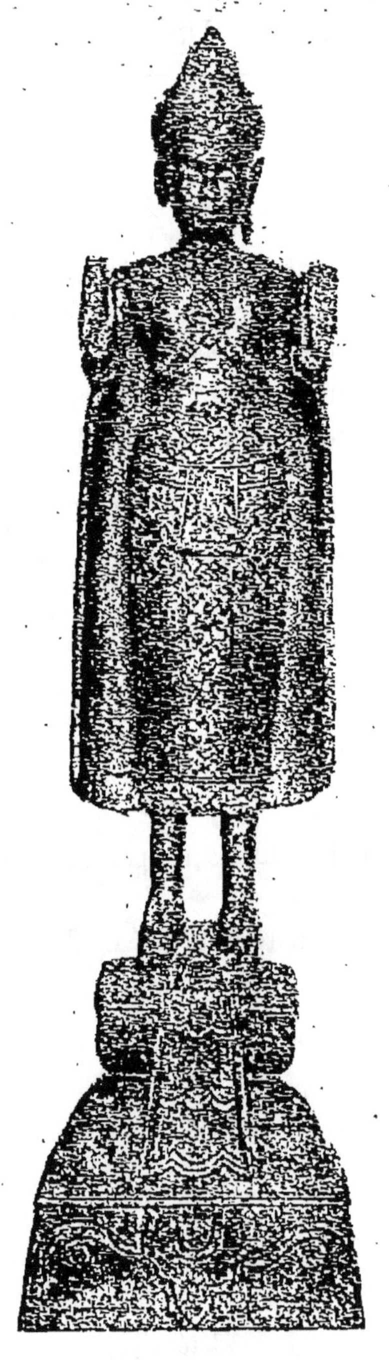

ÇÂKYA-MOUNI

Bois peint rouge et or, de la pagode de Pnum-Santhok.

## LAOS

### *Vitrine 4.*

Manuscrit Shan. — Manuscrits laotiens sur feuilles de palmier.

Monnaies et poids de Luang-Prabang.

Statuettes de bronze du BOUDDHA ÇÂKYA-MOUNI. — *A remarquer* : Une petite statuette du saint PHRA-CACHAY faite de cendres de fleurs offertes sur l'autel du Bouddha.

*Au milieu de la salle.* Grande statue de bois peint : QUAN-AM (*Kouan-yin*), à huit bras, déesse de la grâce divine. — Tonkin.

Le BOUDDHA ÇÂKYA-MOUNI : marbre birman.

## BIRMANIE

### *Vitrine 5.*

Mannequin employé, en Birmanie, pour remplacer le cadavre pendant les cérémonies des funérailles de prêtres qui durent huit ou dix jours.

Manuscrits birmans sur feuilles de métal, d'ivoire et de palmier.

Livres religieux birmans imprimés en laque noire sur fond or. Les feuilles qui les composent sont formées de morceaux de vêtements sacerdotaux enduits de laque.

Statue, marbre peint : ÇÂKYA-MOUNI, debout, la main droite sur la poitrine, la gauche tenant le bord

du manteau. Provenant du temple de Shoë-Dagon-
Prah à Rangoun.

Statues en marbre peint représentant le BOUDDHA
assis.

Instruments de musique religieuse.

## *Vitrine 6.*

Statues de bronze, dont une enrichie de verroterie : *Rayon du ba*
ÇÂKYA-MOUNI, assis sur le lotus, la main gauche
ouverte reposant sur les genoux, la droite posée sur
le genou droit.

Statue, marbre blanc, légèrement décorée de rouge
et d'or : Le BOUDDHA couché, la tête appuyée sur la
main droite. C'est la pose du Bouddha mourant,
appelée « Attitude du Lion ».

Statuette de cuivre : Le BOUDDHA debout, tenant *2e rayon.*
de chaque main le bord de son manteau et un fruit

Deux statuettes marbre blanc, rehaussées de rouge :
Prêtres adorateurs à genoux.

Soupière à riz et grande cantine, ou garde-manger,
à plusieurs compartiments, en bois laqué rouge, ayant
appartenu au grand-prêtre bouddhiste de Mandalay.

Statuettes d'argent : Le BOUDDHA assis.

Deux petites statuettes d'argent : Prêtres, la tête
rasée, à genoux.

Statuettes de bois blanc, représentant : celles de *3e rayon.*
gauche, des *Nats* ou génies bienfaisants ; celles de
droite, des adorateurs, et, tout à fait à droite, deux
images du BOUDDHA assis et debout.

## TROISIÈME SALLE

*l'entrée de la salle.* Statue de bois doré : Ri-lac (*Pou-taï*), le prêtre chinois à gros ventre, incarnation du Bouddha futur. — Tonkin.

*ant la fenêtre.* Trois statues birmanes du Bouddha, en marbre cristallin.

### *Vitrine 7.*

*1ᵘʳ rayon.* Manuscrits sur feuilles de palmier, écrits en caractères birmans, et cassette à manuscrits en bois sculpté, doré et orné de verroterie.

Livre religieux sur plaques de métal laqué.

*2ᵉ rayon.* Chapelle en argent renfermant une statuette du Bouddha Çâkya-Mouni.

Le Bouddha mourant ; statuette en cuivre doré.

Deux cantines, ou garde-manger, servant pour apporter aux prêtres leurs repas. — Bois doré et verroterie.

*3ᵉ rayon.* Parasol doré servant à abriter les images du Bouddha dans les processions.

*artie droite.* Ornements de temples et éventails de prêtres assistants en bois doré et verroterie.

## SIAM

### *Vitrine 8.*

*Partie droite.* Manuscrit illustré du *Mahat Phra Malaï*, ou cérémonies pour les morts.

Monnaies siamoises en argent. — Jetons de maisons de jeu en porcelaine et en verre.

Divinités bouddhiques en bronze, pierre, terre cuite et bois, recueillies dans les anciennes capitales ruinées du Siam.

Statuette bronze : Le Bouddha ÇÁKYA-MOUNI, *Partie centrale* assis sur un lotus, tenant de la main gauche le *pâtra*, bol à recevoir les aumônes, la main droite ouverte (geste de charité).

Deux statuettes bois doré : Adorateurs à genoux, probablement des prêtres ou *Bhikchous* (biksu).

Trois statuettes cuivre doré : Le BOUDDHA dans ses trois postures : debout, couché, assis.

ÇÁKYA-MOUNI, debout, les deux mains ouvertes la paume en avant ; cuivre doré et verroteries.

Statue en bois naturel : Personnage adorateur, à genoux, les mains jointes.

Les bols, les soupières et coupes de porcelaine pla- *Partie gauche* cées dans cette vitrine ont été faits et décorés à Siam, par des ouvriers chinois (époque Kién-Long). Les décors représentent des sujets religieux, ou bien ils sont ornés des cinq couleurs sacrées : rouge, bleu, vert, jaune et blanc.

Statuettes représentant le Bouddha ÇÁKYA-MOUNI.
Chapelles de cuivre.


## ANNAM ET TONKIN

### *Vitrine 9.*

QUAN-AM (*Kouan-yin*), dieu ou déesse de la grâce, *Au milieu.* à mille mains ; bois doré de Hanoï.

Quatre vieilles peintures tonkinoises représentant deux Bodhisattvas et deux saints chinois.

*A droite.*   Sanctuaire pour les tablettes ancestrales.

Statue de bois doré : Bodhisattva faisant le geste (*moudrâ*) du feu.

GIAC-HOA-PHAT (*Amitâbha*) sur un trône à colonnes ; bois doré.

*A gauche.*   CONFUCIUS, assis sur un trône ; bois doré.

QUAN-AM, à vingt bras, faisant le geste du feu bois doré.

Autre chapelle ancestrale.

*milieu de la salle.*   BOUDDHA faisant le geste du feu ; bois doré.

BODHISATTVA, faisant le geste d'enseignement ; bois doré.

Plaque sonore provenant du temple de *Lieu-Suon*, près de Hanoï.

*Devant les fenêtres.*   Cercueil annamite en bois laqué rouge et or.

Les TROIS PURS, Bouddhas du passé, du présent et de l'avenir ; bois doré.

KOUAN-DÉ (*Kouan-ti*), dieu de la guerre, entre son fils et son écuyer ; bois peint.

GIAC-HOA-PHAT (*Amitâbha*), bois doré, entre VAN-TU (*Manjuçrî*) et PHO-HIEN (*Samantabhadra*), bois peint.

*Devant les colonnes.*   Statues de bois doré et de bois peint, représentant des Bodhisattvas et des saints chinois.


## *Vitrine* 10.


*Partie droite.*   Fô, dieu du rang, tenant un spectre à la main ; terre cuite peinte.

Statuette en bois peint : Personnage assis, tenant un sceptre et un lingot de métal précieux. — Le lin-

got indique un dieu de la richesse ; le sceptre est l'indice d'un rang élevé. C'est probablement KOU-LONG,
ou TÔ-TI-KONG, dieu taôiste du sol et de la richesse.

Statuette bois peint : KOUËI, génie ou démon
bouddhique. Le nom de Kouëi s'applique en général
tous les génies inférieurs.

Statuette bois peint : KOU-LOUNG, dieu du sol et
de la richesse, la figure noire, tenant d'une main le
lingot précieux et de l'autre un objet brisé, le pied
droit sur un tigre. (*Taôiste.*)

Chapelles en bois sculpté.

Garniture d'autel ancestral.

Autel domestique du culte des ancêtres.

Statuette bois peint : QUAN-AM (Avalokitêçvara),
assis, l'aspect féminin, vêtu d'une robe rouge. —
Kouan-yin est un Bodhisattva chargé de la direction
du monde et de la protection de la religion bouddhique depuis la mort de Çâkya-Mouni. En Chine, on en
ait souvent une déesse.

Statuette bois peint : Autre QUAN-AM, vêtu de bleu.

*artie gauche.*   Statuette bois peint : Personnage inconnu, à cheval, portant la couronne de Bodhisattva.

Séries de statuettes de bois, d'un art tout particulier, provenant de la pagode de Téi-foo.

Statuette en bois laqué rouge et or : QUAN-AM, assis sur un lotus dans une sorte de chaire ou de siège à dossier très élevée.

## *Vitrine* 11.

Instruments de musique chinois, la plupart très anciens.

*ant la fenêtre.*   BODHISATTVA, à trois têtes et six mains, faisant le geste de *Vairotchana*.

---

## QUATRIÈME SALLE

*milieu de la salle.*   Grande statue de QUAN-AM ; bois laqué et doré de Hanoï.

## *Vitrine* 12.

## CHAMANISME ET BOUDDHISME SIBÉRIENS

Livres bouddhiques, imprimés en tibétain, provenant d'un couvent de la Transbaïkalie.

*Idoles chamaniques* des *Yakoutes* et des *Tongouses.*

Collection d'objets en bronze trouvés dans des tombeaux du gouvernement d'Yénisséi.

Od-pag-med (cuivre doré), Dol-ma (bronze). Ces deux statuettes, de fabrication tibétaine, ont été trouvées en Sibérie.

Chamanes et idoles chamaniques des Goulds ; photographies.


## CULTE POPULAIRE DE LA CHINE

### *Vitrine* 13.

Costumes des figurants des processions.
Instruments de musique usités dans les temples et pour les processions.

### *Vitrine* 14.

Ustensiles de culte des exorcistes : *blocs divinatoires*; *Rayon du ba* — *baguettes* pour prédire l'avenir, et *tableaux* où se lisent les oracles ; — *lampe d'exorciste* avec le boisseau dans lequel elle doit être cachée; — *balance, ciseaux, sabre*, etc.

Ustensiles de bois pour le culte des ancêtres dans *2o et 3o rayo* les familles pauvres. — Tablettes ancestrales.

### *Vitrine* 15.

Marionnettes servant à jouer des *Mystères* dans la cour des temples, les jours de grandes fêtes, et instruments de supplice de l'enfer.

### *Vitrine* A.

Bouddhas, Bodhisattvas et saints bouddhistes du

temple de *Lam-phɔ-to*, à Amoy, dédié aux Trois
Précieux (*Triratna*), disposés comme ils le sont
dans ce temple.

## CINQUIÈME SALLE

## *Vitrine* B.

Divinités, saints et personnages accessoires du
temple de *Ho-ké-ghem*, à Amoy, dédié au Bouddha
Çàkya-Mouni.

## *Vitrine* 16.

### DIVINITÉS ADORÉES A AMOY

*ayon du bas.*   Le Dieu des Songes et ses serviteurs.
Le Dieu et la Déesse de la Variole.
Le Dieu des Charpentiers.
Kéh-sing on, dieu de la province du *Fou-khien* et
son épouse.
Le groupe des Pa-chen.
Le Roi dragon des mers et ses quatre serviteurs.

*2e rayon.*   Les Trois seigneurs du monde (*Ti-koan*, directeur du ciel ; *Té-koan*, directeur de la terre, et *Soui-
koan*, directeur de l'eau).
Ma-tso-po, déesse de la mer, et ses deux serviteurs : *Oreille de bon vent* et *Œil de mille milles*.

*3e rayon.*   Autre série des Pa-chen.

## *Vitrine* 17.

*artie droite,*
*ayon du bas.*   Tchang-chan et Hu-youen, héros de la dynastie

Tchang, avec leurs deux acolytes, les généraux Nan-
tsi-han et Loui-man-tchoun.

Tchao-yun, héros de l'époque des « Trois Royaumes ».

Chin-noung, second empereur de la Chine, inventeur de la médecine, en costume impérial.

Le même, comme inventeur de l'agriculture, figure
noire, tête cornue, et vêtu de feuilles.

Tchou-hi, dieu de la littérature, entre deux servi- *2° rayon.*
teurs portant des livres et une écritoire.

Les Cinq dieux des lettres (*Oen-tchang, Kouan,
Lou-tong-pin, Kouei-sing* et *Tsou-i*).

Huen-tien Chang-ti, dieu du ciel, assis, l'épée à
la main.

Tyoung-koui, génie destructeur des fantômes.

Tablette de Confucius, entre deux chandeliers *3° rayon.*
d'autel.

Kouan-ti, dieu de la guerre, accompagné de son *Partie central*
fils Kouan-pïng et de son écuyer Tchéou-tsang.
Devant eux, deux soldats tiennent des chevaux en
main.

Tablette du bisaïeul de Kouan-ti.

Tablette de Kouan-ti, dieu de la guerre, qui rem- *2° rayon.*
place habituellement son image dans les temples.

Tablettes du père et du grand-père de Kouan-ti.

Aï-hao-sia : deux enfants tenant un sac ouvert; *Partie gauche*
tronc pour faire taire les enfants criards.   *rayon du bas.*

Huen-tien-Chang-ti, « Empereur du ciel noir »,
debout, l'épée à la main, entre ses deux serviteurs,
le général Chang et Tyao Koung-ming.

La déesse Hout-bou ou Maritchî, à seize bras,
tenant au dessus de sa tête une image du Bouddha
O-mi-tô-foh, et entourée des quatre *Grands de Dia-*

*mant.* Cette divinité sa place habituellement dans une chapelle latérale des temples bouddhistes.

Kia-lam-ia « l'Ancien du monastère », personnage chargé de la surveillance des couvents bouddhiques, entre deux serviteurs.

Le saint Maudgalyâyâna, l'un des principaux disciples du Bouddha Çâkya-Mouni.

2e *rayon.*  Tin-kong, dieu du ciel ou du soleil, en costume impérial, entre deux serviteurs armés de grands éventails.

Tô-ti-kong, dieu du sol et de la richesse, debout, et tenant un bâton.

Le même, assis.

3e *rayon.*  Tabernacle renfermant une image du Bouddha naissant, désigné à Amoy sous le nom de Rahoula, fils de Çâkya-Mouni. Ce tabernacle est élevé sur une base creuse qui sert de tronc.

Kam-tsaï-pout, le Bouddha qui contrôle l'abstinence », figure noire, armée d'une massue, qui n'a rien des caractères habituels des Bouddhas.

Tchun-phou-tsou, « le Patriarche de l'eau claire », ancien ermite bouddhiste qui vécut dans les montagnes de Ngan-khi.

*Devant les colonnes.*  Statues de bois, provenant des îles *Pescadores* et représentant les deux serviteurs de la déesse de la mer : Œil de mille milles et Oreille de bon vent.

*Devant la fenêtre.*  Fauteuil en bois dont le siège, le dossier, les accoudoirs et la tablette pour les pieds sont hérissés de longs clous pointus. Il sert à promener processionnellement les possédés que l'on exorcise.

*Contre le mur.*  Le Bouddha naissant, entouré de dragons qui supportent le Bouddha O-mi-tô-foh, de divinités et de saints bouddhiques ; bois doré de Hanoï.

Tabernacle de temple ou d'autel domestique en bois sculpté laqué rouge et or.

## SALLE RONDE

Fac-simile du sanctuaire du temple de Po-sing taï-té, « Grand dieu de la Production », et de Ma-tso po, « Déesse des eaux, » à Amoy. — Dans la niche centrale, se trouvent les images des deux divinités ; mannequins articulés, somptueusement vêtus. — Dans la niche de gauche, est assis l'*Intendant civil*, et, dans celle de droite, l'*Intendant militaire*. — Deux autels sont dressés devant le sanctuaire. Sur le premier, on voit un paquet contenant les sceaux du dieu ; une sorte de râtelier garni de flèches autour desquelles sont pliés les ordres du dieu ; les tablettes nominales du dieu et de la déesse ; un brûle-parfum, deux chandeliers et deux vases. Sur le deuxième autel se trouvent : un grand brûle-parfum sphérique, une réduction du parasol et de l'éventail d'honneur, huit râteliers garnis des armes de la garde céleste, et enfin une image de No-tcha, le commandant en chef de l'armée céleste. — Devant ces autels, est disposée la table d'offrandes, supportant une paire de chandeliers, un gong, un grelot, une sonnette, une paire de blocs divinatoires et un sabre. A droite et à gauche, prêtres taoïstes en vêtements sacerdotaux. A droite et à gauche du sanctuaire, sur des gradins, les images des trente-six généraux de l'armée céleste.

Sur une table (à droite), on a disposé les divinités du temple du DIEU DE L'ENFER, et, sur une autre (à gauche), celle du temple du SING-ONG-YA, dieu des murs et des fossés, préfet de police céleste d'Amoy.

*Au milieu de la salle.* Chaise à porteurs laquée rouge et or servant à la promenade du dieu les jours de grandes fêtes et deux grands parasols d'honneur.

*A gauche, en entrant.* Scène de prières pour un mort. Un petit autel est disposé où se voient : une image, vêtue d'oripeaux et de clinquant, du KHAÏ-LÔ-SÏN, « Dieu qui ouvre le chemin », chargé de défendre l'âme du mort contre les démons; un brûle-parfum, deux chandeliers et deux vases; un encensoir en étain. A côté de l'autel, se trouvent deux prêtres bouddhistes en costume sacerdotal; l'un d'eux tient la *bannière de l'âme* (qui doit être portée par le fils aîné du défunt), et l'autre, un vase à libations. Devant l'autel : bassin en étain pour recevoir les libations, afin de ne pas salir le plancher.

Scène du CULTE DES ANCÊTRES. — Autel en bois sculpté supportant deux sanctuaires : celui de droite, pour les dieux du foyer domestique, c'est-à-dire : la déesse KOUAN-YIN, protectrice des femmes et des enfants; TÔ-TI-KONG, dieu de la richesse, et TSAO-KOUN KONG, dieu de la cuisine; celui de gauche, consacré aux tablettes ancestrales. — Devant les sanctuaires : un brûle-parfum, une lampe et quatre chandeliers. — Au dessus de l'autel : tableaux représentant le THIEN-KOAN, dieu du ciel, les TROIS DIEUX DU BONHEUR, un père et une mère défunts. Sur la table à offrandes, décorée d'une nappe d'autel en soie brodée, sont disposés cinq plats d'étain pour recevoir l

viandes, quatre assiettes pour les fruits, trois coupes
et une buire pour les libations de bière de riz, une
boîte à gâteaux et un portoir pour les offrandes de
sucreries. — Deux mannequins représentent le père
de famille en costume de cérémonie d'été et d'hiver.

Théâtre de marionnettes portatif, servant à jouer
des *Mystères* dans la cour des temples et représentant
une scène du drame de la « Délivrance de l'enfer de
la mère du saint Maudgalyâyâna ». Les personnages
en place sont : YEN-LO-OANG, dieu de l'enfer, son
secrétaire, le général à tête de bœuf et le général à
tête de cheval, la mère de Maudgalyâyâna et sa servante, le saint MAUDGALYÂYÂNA, etc.

Grand éventail d'honneur et huit pancartes d'in-
vocations et de recommandations à la foule, que l'on
porte aux processions.

*Autour de la
salle.*

KILIN.

DAÏ-NITI-NIORAÏ DU KONGÔ-KAÏ
Bouddha suprême et éternel.
Bois doré du XVIᵉ siècle.

# GALERIE BOISSIÈRE

## RELIGIONS DU JAPON

Au Japon, nous trouvons deux religions : le *Shïntô,*
culte national et officiel, qui fait remonter son origine à celle de la nation elle-même, et le *Bouddhisme*
importé de Corée vers le milieu du VIe siècle de
notre ère.

## PREMIÈRE SALLE

Statue de bois peint, de style chinois : IDA-TÉN, *Au milieu*
dieu (bouddhiste) de la prière, du calme, de la paix *la salle.*
et du recueillement ; il garde les portes des couvents
et les réfectoires pour en écarter les dissensions et
les distractions, et préside à la prière qui précède le
repas des moines. Il est couvert d'une armure complète ; une draperie légère flotte autour de lui. Ses

deux mains s'appuient sur la poignée de son épée triangulaire. Ses pieds reposent sur les extrémités flottantes de ses vêtements pour symboliser l'apaisement des éléments.

## *Vitrine* I.

### SHINTO

*n du bas.*    *Kô-tô*, sorte de harpe, instrument de musique à treize cordes en bois de polonia impérial et de palissandre, laqué et incrusté d'écaille, de nacre et d'ivoire, avec des appliques de bronze allié d'or (*tchakoudô*). Cet instrument se pose par terre, devant le musicien, sur deux petits chevalets bas.

Étui à double flûte en bois de cerisier.

Six volumes roulés, histoire du dieu Tén-mangou.

Deux orgues à bouche (*Siô*), ou flûtes à dix-sept tuyaux.

*2e rayon.*    Petit tableau en métal (ex-voto) représentant un *Tori-i* et un pin.

*Tori-i*, réduction d'un portail de temple, en pierre. Ces portails sont placés à quelque distance des temples, à l'entrée des longues avenues d'arbres séculaires qui conduisent au sanctuaire.

Réservoir à eau pour les ablutions ; pierre.

Tronc en pierre pour recevoir les aumónes.

Couronne de paille, ex-voto offert au soleil levant à Issé.

Miroir en cuivre poli, *Kagami*, symbole de pureté.

Coq sur un tambour, symbole de la paix du monde ; bronze moderne.

*Tori-i*, en cuivre, muni de ses lanternes.                    *3e rayon.*

Miroir en cuivre argenté, *Mi-Kagami*, sur un socle en bois sculpté imitant des vagues. Symbole de création : le soleil se levant sur les flots.

TORI-I

Brûle-parfum en bronze ayant la forme d'une coiffure de noble japonais, *Kam-mouri* ; XVIII<sup>e</sup> siècle.

*Gohéi* simple ; lanières de papier blanc fixées au bout d'un bâton. — Primitivement le Gohéi servait à épousseter. Plus tard, on s'en est servi pour écarter, pendant la prière, les impuretés de l'atmosphère. Enfin, on en a fait un emblème et un symbole de la divinité.     *4e rayon.*

*Gohéi* simple, employé en guise de goupillon. — *Gohéi* triple représentant les trois dieux familiaux. — Ex-voto.

Le VOILE INFRANCHISSABLE à l'entrée du sanctuaire d'Amatérasou (déesse du Soleil), à Issé, dans lequel personne ne peut pénétrer. Un fidèle écrit sa prière. Près de lui est une bourse pleine de riz ; quelques grains seront jetés aux poulets sacrés, et le reste mangé en famille, comme une sorte de pain bénit. Des pièces de monnaies enveloppées de papier blanc     *Au dessus la vitrin* sont déposées oomme offrandes sur les degrés du sanctuaire. Les piliers sont décorés de rameaux verts de Sakaki ornés de bandelettes blanches. — *Peinture de Félix Régamey.*

*Entre les fenêtres.* PRÊTRESSE D'ISSÉ et DANSE DU SISTRE, cérémonie shintôiste exécutée dans le temple d'Atsta, province d'Issé, par une jeune fille consacrée au dieu Yamato-daké-nô-mikotô. La danseuse, vêtue d'une robe rouge recouverte d'une sorte de surpris blanc, tient le sistre à grelots et relève le pan de son surplis. — *Peintures de Félix Régamey.*

BIN-DZOU-ROU, dieu des malades, tenant une pêche à la main. Il suffit de toucher l'image au point du corps où l'on souffre pour être instantanément guéri... si l'on a la foi; statue de bois laqué rouge.

FOU-DAÏ-SHI, inventeur des bibliothèques tournantes et des cylindres à prières, entre ses deux fils; statues de bois peint.

Personnage coiffé de la couronne impériale chinoise.

*dessus de la porte.* Vue d'ensemble du temple d'Amatérasou, à Issé. — *Peinture de Félix Régamey.*

Tableau en bois avec invocation au dieu Inari (ex-voto).

## *Vitrine 2.*

### SECTE RIOBOU

*fond de la vitrine.* Étoffe de soie bleue, lamée d'or, *Mammakou*, servant dans les processions de la secte Riô-bou.

*yon du bas.* Statuette de bois peint : Personnage à longs cheveux, couvert d'une armure, tenant une épée et assis sur une tortue. C'est probablement le dieu du Nord.

Deux statuettes de bois peint (au fond), représentant les deux gardiens des temples, un jeune et un vieux.

Étoffe blanche brodée d'or, ceinture de prêtre.

Grelot double, *Sou-dzou* (bronze du Xe siècle), employé en guise d'instrument de musique dans les temples.

Deux renards en bois doré. Le renard, *Kitsouné*, est particulièrement consacré au dieu Inari ; on le considère comme un protecteur des moissons.

Statuette de porcelaine blanche (fabrication de Séto) : Renard assis tenant la clef des écluses.

Statuette de bois peint : INARI, dieu du riz et de 2e *rayon.* la richesse, protecteur des moissons, tenant une gerbe de riz et la clef des écluses, assis sur un renard blanc.

Tableau peint sur papier représentant le panthéon shintôiste-riôbou.

*Kakémono* (tableau), peint sur papier, représentant la déesse du mont Poudji-Yama ; derrière elle, se voit le volcan surmonté du soleil et de la lune.

TÉN GOU, dieu des montagnes, tenant une épée et un lacet, debout sur un renard ; derrière lui, une auréole de flammes ; bois noir.

Statuette de bois sculpté, très fine, dans une petite chapelle : INARI, dieu de la richesse et du riz entre deux renards.

Autre petite chapelle renfermant un groupe finement sculpté : AMATÉRASSOU déesse du soleil, en costume de guerrier, le sabre au côté, entre les dieux Kasouga et Hatchiman.

Petite chapelle : HATCHIMAN, ancien empereur divinisé sous le nom de KON-DA, à cheval entre les

quatre dieux gardiens des quatre points cardinaux.
— Bois sculpté.

Petite chapelle : HATCHIMAN sur un cheval blanc.
— Bois peint.

Statuette de bois noir : INARI, portant une faucille
et une gerbe de riz.

Statuettes de bois peint : Les deux gardiens des
temples.

*3° rayon.*   Statuette de bois peint : BEN-TEN, déesse de la beauté
et de l'éloquence, coiffée du Tori-i (portail de temple), tenant une épée et la boule précieuse, symbole
de la richesse.

*au dessus de*   ROCHERS DU LEVER DU SOLEIL A ISSÉ. C'est le pè-
*la vitrine.*   lerinage favori des adorateurs d'Amatérasou (le Soleil). On lui offre des *Tori i,* porte sacrée en forme
de perchoir (le soleil levant étant comparé à un oiseau qui s'envole, on lui offre un perchoir où se
reposer), des couronnes de paille de riz, formant la
croix au milieu du cercle, et de petites grenouilles en
faïence. — *Peinture de Félix Régamey.*

*à gauche de*   La DANSE DU MIROIR. Cette cérémonie est accom-
*la vitrine.*   plie par un prêtre shïntôiste, vêtu de blanc, la tête
couverte de la coiffure de carton laqué des anciens
nobles, agrémentée de deux ailes en gaze noire qui
la font ressembler à une coiffe de religieuse.

Bois sculpté : Fronton d'un portique de temple.

# BOUDDHISME

## *Vitrine 3.*

### ORNEMENTS SACERDOTAUX

*Késa,* étoles, *Sitchi-djô,* chapes, *Koudjô,* dalmati-

ques, *Sitara*, ceintures, et *Mos*, coiffures de prêtres
bouddhistes en étoffes de soie brochées, lamées d'or
et brodées. Ces vêtements, d'une richesse remarquable, ont tous, quoique n'ayant pas été usés, des
pièces d'étoffes ou de couleurs différentes simulant
des raccomodages, car le prêtre bouddhiste a fait vœu
de pauvreté et ne peut porter que des vêtements hors
de service donnés en aumône. Les brocards précieux
doivent donc être rapiécés pour pouvoir lui servir. —
La dalmatique rouge a servi à la cérémonie bouddhique célébrée au Musée Guimet le 22 février 1891.

*Kéko* ou *Nio-i*, sceptres de prêtres. — Plateaux en
cuivre doré, garnis de glands de soie, servant pour
les offrandes de fleurs. — *Gourdes*, en cuivre ciselé et
ajouré, servant au même usage.

Belle statue de bois (assez ancienne) : KOUAN-ON, *Au dessus*
dieu de la charité.                                       *la vitrin[e]*

Six panneaux peints sur soie (XVI⁰ siècle) représentant six des douze TÉNS, génies protecteurs des
mois et des régions du monde. Six autres panneaux
semblables sont distribués dans la salle suivante.

Prêtre bouddhiste japonais, en tenue de cérémonie, *A gauche d[e]*
se rendant à un des temples de Nikkô. — *Peinture*   *la vitrin[e]*
*de Félix Régamey.*

Sculpture sur bois : Fronton de porte de temple.


## *Vitrine 4.*

### BOUTSOUS OU BOUDDHAS

On a réuni dans cette vitrine les types principaux
des Bouddhas innombrables (il en a 1061) adorés
par les diverses sectes japonaises.

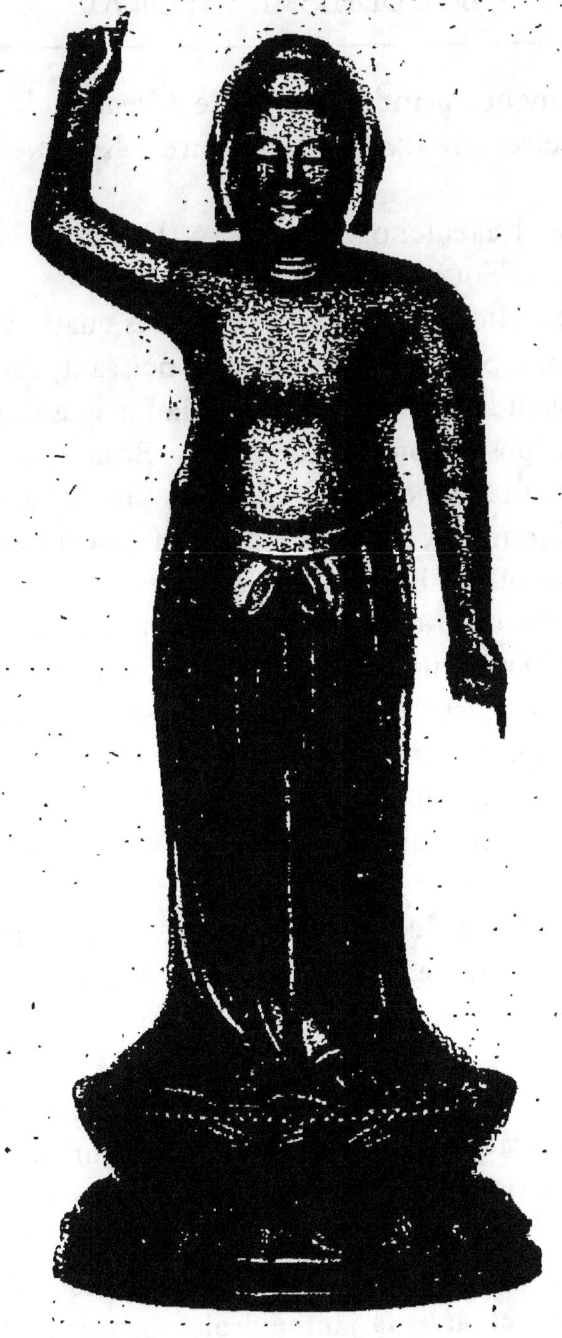

TANDÓJ SHAKA.

Bronze.

Kakémono, peint sur soie : Le *Mandara de Raï-kô,* c'est-à-dire SHAKA-MOUNI entre KOUAN-ON et SÉÏSI.

Autre Kakémono, sur soie : DAÏ-NITI NIORAÏ, MONDJOU, FOUGUÉN et BON-TEN.

SHAKA NIORAÏ[1] représenté dans ses quatre états :

TANDJÔ SHAKA, Çâkya-Mouni naissant, montrant d'une main le ciel et, de l'autre, la terre, en signe de prise de possession du monde. — Bronze moderne.

SHITSOUDZAN NO SHAKA, Çâkya de la forêt, ou Çâkya-Mouni ascète, drapé dans un linceul en guise de manteau. — Bois du XVIᵉ siècle.

SHÔ-KAKOU NO SHAKA, Çâkya-Mouni dans l'attitude de l'enseignement, entre MONDJOU, sur un lion, et FOUGUEN, sur un éléphant. — Statues de bronze du XVIᵉ siècle.

NÉHAN NO SHAKA, Çâkya-Mouni entrant dans le Nirvâna, c'est-à-dire mourant. — Statuette de bois doré.

Belle statue de bronze du XVᵉ siècle : ZENKODJI NIORAÏ, forme de Çâkya-Mouni ou d'Amitâbha, faisant le geste d'enseignement, entre KOUAN-ON et SÉÏSI.

AMIDA BOUTSOU (*Amitâbha*), Bouddha éternel, personnification de la *Charité*, inspirateur de Çâkya-Mouni, assis dans l'attitude de la méditation. — Bois doré du XVIIᵉ siècle.

AMIDA HOSSÏN-SEPPÔ-IN, faisant le geste d'enseignement, et assis la jambe droite pendante sur un lotus. Sa tête est entourée d'une gloire radiante. — Bois doré du XVIᵉ siècle.

---

[1]. Le terme *Nioraï* correspond au sanscrit Tathâgata ou Jina.

Djô-on-gué-sha Amida, faisant le geste d'enseignement et de charité. — Bois doré du xvᵉ siècle.

Yama-koshi no Amida, assis, faisant le geste
*Yogan-seppô-in* (méditation et charité), coiffé du chi-

Dɹò-on-guè-shą Amida
Bois d'oré du xvᵉ siècle.

gnon des Bodhisattvas et la tête ceinte d'une gloire à
rayons. — Bronze.

SAM-BÔ ou TRINITÉ BOUDDHIQUE

Autre statue de bois doré de Djô-on-gué-sha
Amida, entre les deux Bodhisattvas Kouan-on et
Séïsi.

Taïdzôkaï Daï-Niti Nioraï

YAKOUSHI NIORAÏ, le Bouddha guérisseur, debout, tenant de la main gauche un vase de remèdes. — Bois noir.

Très belle statuette de bois doré (xvii° siècle) : DAÏ-NITI NIORAÏ, le Bouddha suprême, essence de tous les autres, coiffé d'une sorte de tiare, faisant son geste habituel (tenant dans sa main droite fermée l'index de sa main gauche), et assis sur un lotus.

Petite chapelle renfermant deux images de DAÏ-NITI NIORAÏ : *Kongôkaï Daï-Niti* (du monde de diamant), faisant le geste indiqué ci-dessus et *Taïdzôkaï Daï-Niti* (du monde matériel), faisant le geste de méditation. — Bois de santal.

YAKOUSHI NIORAÏ et les douze dieux du zodiaque ; figurines de bois de santal dans une chapelle de laque noire.

MA-MORI HONDZON, les dix Bouddhas gardiens ; figurines de bois de santal dans une petite chapelle de laque noire.

SAM-BÔ (*Triralna*), « les Trois Trésors » image de la Trinité bouddhique représentée par une tablette entre deux Bouddhas. — Bois doré du xvi° siècle.

Statuettes d'AMIDA, debout et assis.

Cinq belles statues de Kouan-on dans diverses attitudes. — Bronze du xvii° siècle.

## *Vitrine 5.*

### KOUAN-ON BOSSATSOU

Le Bodhisattva KOUAN-ON (*Avalokitéçvara*), fils ou émanation d'Amida, a, au Japon, le même rôle de dieu de la *Charité* et de la *Grâce* qu'il remplit en Chine sous le nom de *Kouan-yin*, et jouit d'un culte tout aussi répandu. Il est adoré ici, comme il l'est en Chine, sous trente-trois formes où se trouvent mélangés les attributs et les légendes des 22 Avalokitéçvara et des 27 Târâ de l'Inde du Nord. Dans ses images, l'aspect féminin ou juvénile prédomine, quoique, en général, il soit considéré comme étant un dieu mâle. Quelques traditions locales se sont ajoutées à ses légendes indiennes et chinoises.

Deux beaux *Kakémonos* (tableaux) du XVIIIe siècle, peints sur soie, représentent chacun quatorze des vingt-huit serviteurs de Kouan-on. *Au fond vitr.*

Statue de bronze (XVIe siècle) : SÉN-DJOU KOUAN-ON à sept têtes et vingt bras. Deux de ses mains sont levées au dessus de la tête et tiennent un *Saṅkó* (foudres à trois pointes). Sur le dos, une inscription constate que la statue a été faite par Kou-mou, prêtre de la secte Djô-dô. *1er rayon*

Statue de bronze (XVIe siècle) : SHÔ KOUAN-ON à une seule tête, debout sur un lotus ; statue faite également par le prêtre Kou-mou.

Dans une chapelle de laque : KOUAN-ON, assis sur un lotus entre deux dragons. — Bois doré.

Belle statue de bronze (XVIIe siècle) : KOUAN-ON, la couronne sur la tête, tenant une bouteille et debout sur un lotus.

Magnifique statuette de bois doré du VIIIe siècle (?) : DJOU-ITCHI-MÉN KOUAN-ON (Kouan-on à onze têtes), tenant deux flèches et un chapelet, debout sur un lotus, avec une auréole en forme de feuille de figuier. *2o rayon.*

Très beau groupe de bois noir du XVIIe siècle. DJOUN-DÈI KOUAN-ON, à seize bras, coiffé de la tiare,

Djou-itchi-mén Kouan-on
Bois doré du XIIᵉ siècle.

assis sur un lotus émergeant de l'eau. Devant le dieu,
deux rois de Nâgas (génies-serpents) debout sur les
vagues.

Statuette de bronze imitée de l'antique : Niô-
ran Kouan-on, transformation de Kouan-on en
marchande de poisson.

Statuette de bronze (xvi<sup>e</sup> siècle) : Bya-kou-yé
Kouan-on, la tête couverte d'un voile, tenant un
bouton de lotus dans sa main droite.

Très belle statue de bois doré du xviii<sup>e</sup> siècle :
Niô-i-rin Kouan-on, assis sur un lotus, la tête appuyée sur sa main droite, méditant sur les moyens
de sauver les hommes.

Statuette de bois doré (xvii<sup>e</sup> siècle) : Kouan-on,
avec une auréole à jour en forme de feuille de figuier,
assis sur un rocher et tenant une bouteille.

Les Trente-trois Kouan-on, petites figurines de
métal doré dans une chapelle de laque.

Neuf statuettes de bois doré représentant des *3<sup>e</sup> rayon.*
images célèbres de Kouan-on adorées dans divers
temples.

Cinq statues de Kouan-on. — Bronze du xvii<sup>e</sup> *Au dessus*
siècle. *la vitrin*

## DEUXIÈME SALLE

### *Vitrine 6.*

### BOSSATSOUS OU BODHISATTVAS

Dans cette vitrine sont exposés quelques-uns des
*Bodhisattvas* adorés au Japon. Les Bodhisattvas sont

des êtres très parfaits, aspirants au rang de Bouddha, qu'ils obtiendront après une dernière existence sur la terre. Leur puissance est immense et ils sont toujours prêts à l'employer pour le bien du monde. Aussi sont-ils l'objet d'un culte très fervent.

*fond de la vitrine.* Kakémono peint sur soie : DJOU-ITCHI-MÉN KOUAN-ON ou KOUAN-on à onze têtes.

*Mandara* (mandala) de BÉN-TÉN déesse des eaux, de la parole et de la musique, entourée des divinités bouddhiques ; peinture sur soie.

*yon du bas.* Vêtement de cérémonie de prêtre bouddhiste, *Sitchi-djô-no Kêsa (sc.* Uttara Sangati), « chape de sept morceaux », en soie brochée, avec pièces de couleurs différentes rapportées pour figurer un raccommodage, qui a servi à la cérémonie bouddhique du 22 février 1891.

Cloche de forme antique, bronze du XVIIIᵉ siècle, *Hi-iré,* brasier pour allumer les pipes, décorée de quatre *Apsaras* (nymphes célestes) et de quatre caractères de fantaisie.

*Djou-dzou,* chapelet de pèlerin au mont Foudji-Yama, composé de cent six grains sculptés et deux boules d'ivoire. Ce chapelet ne sert qu'aux laïques.

Plaques sonores, *Keï,* et marteau, *Oulshi-Narashi,* servant à accompagner la récitation des litanies.

Marmites en fonte de fer en forme de cloches antiques, ornées de deux figures de Bouddhas, de quatre Apsaras et de deux lotus. L'une d'elles provient du temple de Takasago-Onoyé, province de Harima.

Brûle-parfum en bronze consacré dans le temple de Imakoumano-Kouan-oudji, à Kiotô, en juin 1756.

*2ᵒ rayon.* Dans une chapelle : LES SIX DJISÔ DES SIX BON

CHEMINS; statuettes de bois de santal doré, sculptées au x° siècle par Yéshin-în Sotsou et réparées en 1692. Djisô a pour principale fonction de sauver les âmes de l'enfer. Il s'est incarné plusieurs fois et même, dit-on, en Occident.

Mandara de MONDJOU (Manjuçri), dieu de la sagesse. Mondjou se voit dans une grotte assis sur un lion, entre les pattes duquel sort un dragon. Cinq personnages, dont les attributs manquent, entourent la grotte ; on ne peut reconnaître que la déesse *Kishimodjïn* (Hâriti).

Statuette de bois de santal : MIÔ-KÉN, dieu de la Grande-Ourse, la tête entourée d'une auréole, tenant un sabre de la main droite et faisant de la main gauche le signe du sabre. Il est assis sur un rocher. Devant lui, un enfant et une tortue.

SHOMÉI-KONGO (Vajrapani), à quatre bras armés d'un lacet, d'une hache, d'un *dôkô* (foudre) et d'un sabre ; bois du XIV° siècle, signé Nïnkéi.

Dans une chapelle, autre image de MIÔ KÉN, armé d'un sabre et debout sur une tortue ; bois peint du XVII° siècle.

Statuette de porcelaine blanche : HOTÉI, incarnation de MIROKOU (Maitréya) le Bouddha futur.

FOUGUEN (Samantabhadra), émanation de Daï- *3° rayon.*
Niti Nioraï et personnification de l'Intelligence suprême, tenant un livre et assis sur un éléphant; bois doré.

FOUGUEN YEN-MÉI, à vingt bras chargés d'attributs, assis sur un lotus porté par quatre éléphants blancs ; sous cette forme on l'adore comme dieu de la longévité. — Bois doré.

Dans une chapelle : Le même, sur un éléphant à trois têtes.

Statuette en bois de santal dans une petite chapelle : DJOU-ITCHI-MÉN KOUAN-ON.

Statue de bois doré : MONDJOU, sans attributs, sur son lion.

e les fenêtres. Estampe représentant la mort du prêtre NITIREN qui fonda la secte *Hokké-siou* au XIIIe siècle.

s les fenêtres. Quatre Kakémonos peints sur soie au XVIII° siècle (*école Tosa*), décrivent les aventures miraculeuses d'une statue du Bouddha, actuellement placée dans le temple de Zen-kô-dji (Shinano), qui fut apportée au Japon en 255.

## *Vitrine 7*
### MIO-HOS. — TENS. — DJINS

Au-dessous des Bodhisattvas existent d'innombrables divinités de rang et de puissance divers. Ce sont les MIO-HÔS, grands dieux bouddhiques, les TENS (déva), dieux du ciel et de l'atmosphère, et les DJINS, esprits et dieux terrestres.

### *CLASSE DES DJINS*

yon du bas. NANDA-RIOU-HÔ, rois des *Nâgas* (génies-serpents), en costume de cour ; bois peint.

SHÔMIÔ DÔDJI, serviteur de Bén-tén, tenant une pagode et un vase d'amrita ; bois peint.

Dans une chapelle de laque décorée de peintures : ATAGO GONGUEN, à cheval, entouré de deux prêtres, de Bishamon et de Foudô-mio-hô.

Deux NIOS, gardiens des temples ; bois sculpté.

*Mandara* de la déesse DAÏ BEN-DZAÏ-TEN, entourée de ses seize serviteurs ou *Dôdiis*.

La déesse KISHIMÒDJÏN (Hâritî), portant son fils *Bïn·gara*, dans une chapelle dont les portes sont décorées de fines peintures.

ONHÔ DÔDJI, l'un des serviteurs de Bén-tén, tenant une massue et un vase ; bronze.


## CLASSE DES TENS

Le génie KONGÔ-YASHA (*Vajra-yaksa*), petite figurine 2ᵉ *rayon.* dans un globe de cristal.

Statuette de bois peint : MARISSI-TÉN, dieu de la guerre, sur un sanglier. Il a la chevelure hérissée et six bras armés d'un sabre, d'un trident, d'une lance et d'une foudre.

Dans une chapelle : Autre image de *Marissi-tén*, assis sur un lotus porté par sept sangliers ; bois peint.

MATALI-DJÏN ou *Çiva Mahâkala*, à trois têtes et six bras. En guise d'ornements, il porte des têtes de morts dans sa chevelure et sur sa poitrine. D'une main, il tient son épée qui repose sur ses genoux, de l'autre son lacet ; deux de ses bras soutiennent une draperie derrière son dos, et, dans chacune de ses autre mains, il porte les cadavres d'un homme et d'un animal ; très beau bois sculpté du XVIIᵉ siècle.

ZÔ-TCHÔ (*Virudaka*), l'un des quatre grands rois gardiens du monde, armé d'une lance, dans une chapelle de laque noir.

Groupe de bois de santal très finemeut sculpté : KI-AU DAÏ GONGUÉN, déesse protectrice des enfants. Sa tête est ornée de deux cornes ressemblant aux rayons lumineux de la tête de Moïse. Un enfant est debout à côté d'elle.

Statuette de bronze (XVIᵉ siècle) : Personnage à tête

MATALI-DJÏN
Bois sculpté du XVIIᵉ siècle

Daï-shô kouan-gui tén
Bronze.

d'éléphant tenant une lance et un navet. C'est DAÏ-SHÔ KOUAN-GUI TÉN (Ganéça), dieu de la sagesse.

Statuette en or massif : Deux personnages à tête d'éléphant, se tenant embrassés. On les appelle *Daïsho et son épouse*. Ce sont des dieux du bonheur.

Petite chapelle de laque rouge renfermant une statuette en bois de santal de BON-TÉN (Brahmâ) à quatre têtes et quatre bras, portant une lance, un vase et un lotus. Une inscription indique que le prêtre Nitchou a fait *l'ouverture des yeux*, cérémonie qui a pour but d'amener l'âme du dieu dans l'image.

Statuette de bois peint : BÉN-TÉN, la tête surmontée d'un serpent à face humaine et d'un Tori-i, munie de huit bras chargés d'un glaive, d'un lotus, d'une clef, d'une massue, d'une lance, d'une roue ou disque, d'un arc et de la boule précieuse, et assise sur un lotus.

Chapelle renfermant le Mandara de BÉN-TÉN, assise entre Bishamon et Daïkokou et entourée de ses seize serviteurs, d'animaux et de divers objets d'agriculture, de commerce et de voyage. — Bois peint du XVIII^e siècle.

BÉN-TÉN, debout, tenant un sabre et une pêche ; bois peint.

BÉN-TÉN jouant de la *biva* ; faïence de Satsouma.


## CLASSE DES MIO-HOS

**3º rayon.** Chapelle avec une figure de BOUTSOU-MÔ KOU-DJA-KOU MIO-HÔ à quatre bras, tenant un lotus, une grenade et deux plumes de paon, assis sur un lotus porté par un paon. Ce personnage passe pour une incarnation

de Mâyâ-Dévî, mère de Çâkya-Mouni. — Bois sculpté
du XVIIIe siècle.

DAÏ-ITOKOU-MIO-HÔ, l'un des gardiens du monde, à
trois têtes et six bras, debout sur un taureau ; bois du
XVe siècle.

Dans une petite châsse ou chapelle, très belle boîte
à amulettes, en bois sculpté du XIIIe siècle, représentant les deux images de FOUDÔ-MIO-HÔ et d'AÏZEN MIO-
HÔ, protecteurs des guerriers.

Statuette de laque rouge massive du XVIe siècle :
AÏ-ZEN MIO-HÔ à six bras, tenant le *gokô* et la sonnette
sacrée, et coiffé d'une tête de lion surmontée d'un
*gokô*. Ce dieu, tout terrible qu'il en a l'air, est au fond
un bon diable. Il encourage les passions pour les
faire servir au salut des hommes.

DAÏ-KOKOU TEN, dieu de la richesse, à trois têtes,
portant le sac aux trésors et le marteau des mineurs ;
terre cuite de la veuve Korën.

Le même, en bois de santal doré, dans une petite
chapelle en laque rouge.

YÉM-MA TEN (*Yama*), dieu des enfers et juge des
morts ; bois laqué du XIIIe siècle (?).

BISHAMON TEN, dieu du courage et gardien du
monde ; statuette de bois de santal dans une chapelle
en laque rouge.

Statuette de bois doré : IDA TÉN, dieu du recueillement, les mains jointes, l'arme au repos, ses pieds
retenant les parties flottantes de son vêtement.

Une chapelle, se dépliant en paravent, renferme les *4[e] rayon*.
MILLE FOUDÔ sous la forme de petites figurines en
bois sculpté et peint. La grande figure du milieu serait, selon la notice qui accompagne cette pièce, du
XIe siècle.

Statuette de bronze : FOUDÔ MIO-HÔ, tenant son épée et son lacet, environné de flammes et debout sur un dragon.

ROKOUDJI MIO-HÔ, au corps vert, et à quatre bras, dans une petite chapelle.

KONGÔ-YASHA (*Vajra-yaksa*), tenant dans ses quatre mains une sonnette, un vadjra, une lance et une flèche ; bois du XIV<sup>e</sup> siècle.

Le génie IDZOUNA-GONGUEN, armé d'un sabre, auréolé de flammes, debout sur un renard ; bronze.

FOUDÔ MIO-HÔ, entouré de flammes, debout sur un dragon ; bois peint du XV<sup>e</sup> siècle.

*Dans les fenêtres.* Deux Kakémonos sur papier représentant les huit Enfers.

Autre peinture sur papier : Les supplices de l'Enfer.

*Entre les fenêtres.* M. HORIOU TOKI, supérieur du temple de Mitani-dji (secte Sïn-gon), célébrant la cérémonie *Goho-rakou* au Musée Guimet, le 13 novembre 1893 ; dessin de Félix Régamey.

# *Vitrine 8.*

## SECTE ZEN-SIOU

Quoiqu'on dise qu'elle n'est pas la plus ancienne, la secte *Zen-siou* est de toutes les sectes japonaises celle qui se rapproche le plus du bouddhisme chinois. Son fondateur au Japon est le prêtre Dô-guén.

*Vie verticale.* BODAÏ-DAROUMA (*Bodhi-Dharma*), missionnaire indien qui fonda la secte Zen-siou en Chine en 526.

PRÊTRE DE LA SECTE ZÉN-SIOU.
Bois sculpté.

Il est debout et tient un livre dans sa main droite ; bronze chinois du XVIe siècle.

ZÔ-TCHÔ MIO-HÔ, l'un des quatre gardiens du monde ; statuette de bois dans une petite chapelle rouge.

SEN-DJOU KOUAN-ON, avec une couronne de têtes et vingt bras ; bronze.

Statuettes de bronze représentant TANDJÔ SHAKA, ou le Boudda naissant.

SHITSOUDZAN NO SHAKA, le Bouddha pénitent drapé dans un linceul : bronze du XVIIe siècle.

AMIDA, entouré de Fouguen, Mondjou, Dharma et d'un prêtre de la secte Zén-siou ; bois peint.

Joli bronze du XVe ou XVIe siècle : DJI-KOKOU, le gardien de l'Ouest.

SHÔ KOUAN-ON, debout sur un lotus ; beau bronze du commencement du XVIIIe siècle.

BARÔ KOUAN-ON, avec une couronne décorée d'une bouteille ; bronze.

Série de statuettes de bois représentant des prêtres de la secte Zén-siou en costume de diverses époques.

DHARMA ou *Bodhi-Dharma*, assis, la tête couverte de son manteau ; bois laqué du XVIe siècle.

Autre image de SHITSOUDZAN NO SHAKA ; bois moderne dans une chapelle de laque.

Grand *Gong* en cuivre argenté décoré de l'image d'Amida, entre Kouan-on et Séïssi.

Mandara des SEIZE RAKANS (*Arhats*) présidés par MONJDOU ; figurines de bois de santal sculptées par *Mohéi* en 1857.

*2e rayon.* Les dix-sept statuettes de bronze qui garnissent ce rayon représentent les serviteurs du Bodhisattva HAN-

NIA, personnification du livre de la loi. Elles sont
du XVIIᵉ siècle.

IKKIOU

Prêtre de la secte Zén-siou.

Bois sculpté.

*rtie plate.* Histoire illustrée du Bouddha SHAKA-MOUNI (Çâkya-Mouni) imprimée au XVIIIe siècle. Les personnages de ce livre sont coiffés à la mode française de la fin du règne de Louis XIV, indice de l'influence exercée par l'Europe au Japon pendant la fin du XVIIe siècle et le commencement du XVIIIe.

Sceptres ou crosses de grands-prêtres japonais : collection Gasnault.

Le voyage de l'âme pieuse au milieu des périls du monde ; Kakémono sur papier.

Biographie illustrée des RAKANS.

*u dessus de* DJOU-ITCHI-MEN KOUAN-ON ; bronze.
*u vitrine.* FOUGUEN, sur son éléphant ; bois doré.

SEN-DJOU KOUAN-ON ; bronze.

## *Vitrine* 9.

### SECTE TENDAI

La secte *Tén-daï*, une des plus anciennes et sans contredit la plus riche des sectes japonaises, a été fondée en Chine par Emon, du monastère de *Thien-taï*, et introduite au Japon par le prêtre Dén-gnio-daïsi.

*e verticale.* *Shari-tô*, chapelle reliquaire en forme de pagode à trois étages, en laque noire, rouge et or du XVIe siècle, les portes décorées de huit figures de Téns très finement peintes. Elle renferme des reliques du Bouddha.

Belle statue de bronze du XVIIe siècle : KOUAN-ON, debout sur un lotus et abrité par une gloire en forme de feuille de figuier, faisant le geste d'enseignement.

Groupe en métal : Mandara de BÉN-TÉN entouré

de Bishamon, de Daïkokou et de ses seize serviteurs.

SHÔ KOUAN-ON, assis et faisant le geste de charité; bronze.

Statuette de bois très ancienne : DJOU-ITCHI-MEN KOUAN-ON.

Statuettes de bronze représentant TANDJÔ SHAKA.

Le BOUDDHA PÉNITENT, peinture sur soie par Kio-saï.

Chapelles de NIO-I-RIN KOUAN-ON, de BÉN-TÉN et des quatre gardiens du monde.

MANDARA DES TRENTE TROIS KOUAN-ON; figurines en bois de santal.

La déesse KISHI-MÔ-DJIN et quelques-unes de ses *2ᵉ rayon.*
999 filles ; statuettes de bois peint.

Quatre statuettes de bois peint noir et or représentent les quatre gardiens du monde foulant aux pieds des démons : BISHAMON, gardien du Nord, portant la pagode ; DJI-KOKOU, gardien de l'Ouest, armé d'une lance ; KÔ-MOKOU, gardien du Sud; ZÔ-TCHÔ, gardien de l'Est, tenant un livre et un pinceau.

Onze peintures japonaises représentant la mort du *Partie plate.*
Bouddha et dix des principales divinités bouddhiques.

Le KON-GÔ HAN-NIA HARAMITA-KIÔ, livre sacré de la secte Zén-siou écrit en caractère chinois archaïques.

Chapelle Mandara de BÉN-TÉN et des seize DÔDJIS ; *Au dessus de*
bois peint.                                          *la vitrine.*

NIO-I-RIN KOUAN-ON méditant; bois doré.

La même; bronze.

Statue de bois noir (XVIIIᵉ siècle) : YEN-NÔ-GUIÔ- *Contre*
DJA, prêtre japonais divinisé de la secte *Sin-gon*, pro- *les colonnes.*
tecteur des voyageurs. Il tient un livre géographique

(guide) dans une main et, dans l'autre, un bâton de voyage terminé par un sistre à anneaux.

Statue de bronze (XVIII<sup>e</sup> siècle) par Obata-Miti-Tossi ; YEN-NÒ-GUIÒ-DJA avec le livre et le sistre, chaussé de *ghétas*, sortes de sandales japonaises. Cette statue vient de Biva.

On attribue à YEN-NÒ-GUIÒ-DJA la construction de plusieurs ponts, jetés sur les torrents des montagnes, qu'il aurait fait construire en quelques instants par les deux démons Zén-ki et Gô-ki qu'il avait réduits à la domesticité.

*les colonnes.* Deux grands vases de temple en bronze, du XV<sup>e</sup> siècle.

L'un représente la mort du Bouddha SHAKA-MOUNI et tous les êtres de la création pleurant autour de son corps ; dans le ciel, on voit s'avancer Mâyâ, mère du Bouddha.

L'autre représente la transformation de SHAKA-MOUNI en Bouddha parfait. Il avait rempli tous les devoirs de la loi religieuse, avait subi toutes les pénitences et les austérités recommandées, avait acquis toutes les connaissances par l'étude et la méditation. Il réfléchissait profondément, assis entre ses deux disciples Çâriputra et Maudgalyâyâna, lorsque, tout d'un coup, il sentit qu'il devenait Bouddha, c'est-à-dire qu'il atteignait à la science transcendante, qu'il était maître de ses passions et de son existence. Des prodiges nombreux attestèrent immédiatement ce fait.

*ntre le mur,* *à droite.* Statue de bois noir (XV<sup>e</sup> siècle) : SAN-BÒ-KOUÒ DJIN à huit bras, la figure terrible, l'œil de sagesse au milieu du front, la chevelure flamboyante, debout sur deux lotus. Dieu du feu et du foyer domestique ; il protège les maisons et les villes contre l'incendie.

Panneau en bois sculpté représentant trois des six serviteurs du dieu Foudô mio-hô et, en bas, un lacet et deux petits chiens.

Statue de bois noir du XVe siècle : Zaô-gon-guén mio-hô, génie protecteur du mont Yossimô, province de Yamato. Il est debout sur un rocher, la face grimaçante, l'œil de sagesse au milieu du front, et brandit de la main droite le *Sankô* ou foudre à trois pointes. Zaô-gon-guén est, dit-on, une incarnation du Bouddha Çâkya-Mouni, qui apparut sous cette forme au prêtre Yén-no-guiô-dja sur le sommet du mont Yossimô.

Panneau en bois sculpté représentant les trois autres serviteurs du Dieu Foudô mio-hô et, au-dessous, un sabre et trois jeunes chiens.

# TROISIÈME SALLE

## LE MANDARA

Au milieu de cette salle est placé le *Mandara* érigé par Kô bô daïshi dans le temple de Tô-dji à Kiotô, au commencement du IXe siècle de notre ère, reproduction exécutée sous la surveillance du grand-prêtre de ce temple. *Mandara* veut dire *ensemble complet*. Il représente le symbolisme de l'Univers personnifié par les principaux Bouddhas.

Il se compose de trois groupes de personnages :

Au milieu, un premier groupe de neuf divinités :

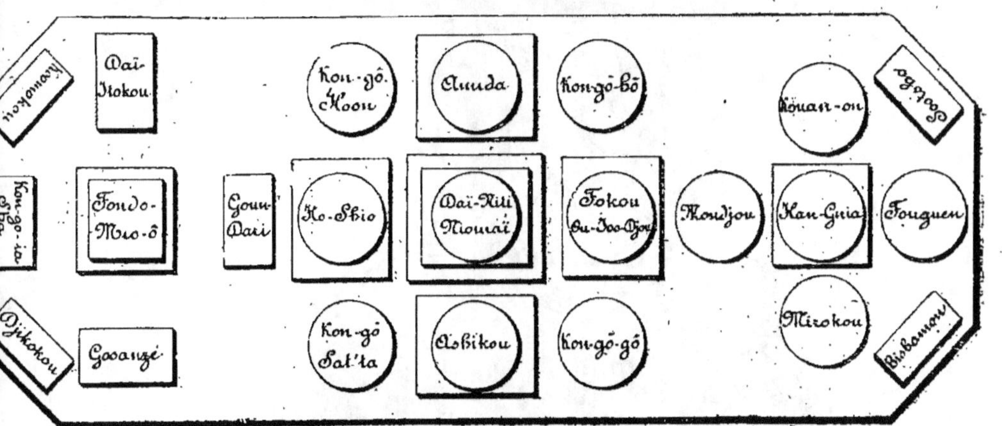



MANDARA DU TEMPLE DE TÔ-DJI

Ashikou nioraï.

HŌSHŌ NIORAÏ

FOUKOU-DJÒ-DJOU NIORAÏ

Daï-Niti-Nioraï, le Bouddha suprême et éternel, entouré de huit autres Bouddhas, êtres humains divinisés par la science et la charité, et personnifiant les *intelligences* ou *vertus* de Daï-Niti, dont ils sont des émanations. — Les émanations du premier degré, c'est-à-dire les plus parfaites et les plus puissantes, sont : Ashidou, *Aksobhya*, (*devant*), la Foi ; Hô-shô, *Ratnasambhava*, (*à gauche*), perfection de conduite ; Amida *Amitâbha*, (*derrière*), enseignement et direction ; Foukou-djô-djou ou *Amogha-siddha* (*à droite*), amour du prochain et charité active. — Les émanations du second degré sont représentées par les Bodhisattvas : Kon-gô-satt'a (*devant, à gauche*), Kon-gô-gô (*devant, à droite*), Kon-gô-hon (*derrière, à gauche*), et Kon-go-hô (*derrière, à droite*).

Le groupe de droite représente la transformation ou l'incarnation des Bouddhas du groupe central en Bosatsous (Bodhisattvas) ou prophètes, pour amener les hommes au bien par les bons conseils, les bons exemples, les exhortations, la science et l'éloquence. Il se compose de cinq personnages : Han-nia (*au milieu*), la loi ; Mirokou (*devant*), le Bouddha futur ; Kouan-on (*derrière*), la charité et la grâce divine ; Mondjou (*à droite*), la science ; Fou-guen (*à gauche*), l'intelligence suprême.

Les cinq personnages grimaçants du groupe de gauche représentent la transformation des Bouddhas en démons ou génies, *Tembou* ou *Mio-hô*, chargés de réduire, par la frayeur des châtiments futurs et par de mauvais traitements en cette vie, les êtres rebelles aux enseignements des Bosatsous. Le chef de ces génies Foudô mio-hô est l'incarnation de Daï-Niti *au milieu*) ; Gosan-zé (*devant*) représente Foukou-djô-

KONGÔ-SATT'A

djou ; Daï-Itokou (*derrière*), monté sur un taureau vert, est une émanation d'Amida : Kon-gô-ya-sha (*à gauche*) est le représentant d'Ashikou ; et Goun-dari (*à droite*) émane de Hô-shô.

On voit que, d'après cette conception, les démons ne sont ni les ennemis ni les adversaires des Bouddhas, mais bien les auxiliaires des prophètes dans l'œuvre du salut de l'univers.

Aux angles de l'autel sont les quatre gardiens des points cardinaux terrassant des démons : Bishamon (Nord), figure bleue ; Koô-mokou (Sud), figure rouge ; Dji-kokou (Ouest), figure verte ; Zoô-tchô (Est), figure couleur de chair.

Sur le socle, quatre vases en bronze (XVIII<sup>e</sup> siècle). Les deux de devant, aux armes du Mikado (le chrysanthème), représentent en relief : Amida (*devant*) ; Kouan-on et Sëïsi (*sur les côtés*) et Foudô mio-hô (*derrière*). Les deux de derrière, aux armes de la famille Shôgounale de Tokougava (trois feuilles de mauve), représentant : Amida (*devant*), deux Foudô (*sur les côtés*) et Codô (*derrière*).

*our du socle.*    Deux grandes plaques sonores en bronze remplaçant les cloches.

Deux fontaines en bronze pour l'eau consacrée.

Grand brasier de temple en bronze.

Vase sonore, en bronze, *Zarougané* ou *Dô-ra*, sorte de gong usité pendant les prières.

Néhan-no Shaka, Çâkya-Mouni mourant, étendu sur le côté droit dans l'attitude du *lion* ; bois récemment redoré.

*utour de la salle.*    Douze statuettes de bois sculpté représentent les génies qui personnifient à la fois les douze signes

YAKOUSHI NIORAÏ

du Zodiaque et les douze heures du jour (les heures
japonaises en valent deux des nôtres) :

NÉ, le rat, première heure du jour, *minuit* ; OUSHI,
le bœuf, deuxième heure, 2 *heures du matin* ; TORA,
le tigre, troisième heure, 4 *heures* ; OU, le lièvre,
quatrième heure, 6 *heures* ; TATSOU, le dragon, cinquième heure, 8 *heures* ; MI, le serpent, sixième
heure, 10 *heures* ; MA, le cheval, septième heure,
*midi* ; HITSOUDJI, le bélier, huitième heure, 2 *heures
du soir* ; SAROU, le singe, neuvième heure, 4 *heures* ;
TORI, le coq, dixième heure, 6 *heures* ; INOU, le
chien, onzième heure, 8 *heures* ; I, le sanglier,
douzième heure, 10 *heures*.

Au dessous de chacune de ces statuettes se trouve
l'animal cyclique qu'elle représente et qui donne son
nom à l'heure. Les mêmes animaux sont sculptés au
dessus de la tête de chaque personnage.

*ntre le mur.* Trois *Kakémonos* représentant :

Celui du milieu, AMIDA, entouré des saints, dans
le paradis de Soukhâvatî ; les deux autres, les seize
grands RAKANS (*Arhats*), disciples de Çâkya-Mouni.

Sept grandes statues de bois doré sur des socles :

YAKOUSHI NIORAÏ, le Bouddha guérisseur, debout
sur un lotus, avec une auréole feuille de figuier, tenant de la main gauche le vase à *Amrita*. Il porte
le costume indien, c'est-à-dire que sa robe laisse à
découvert l'épaule et la partie droite de la poitrine.
Cette belle pièce peut être attribuée au XVᵉ ou
XVIᵉ siècle.

AMIDA enseignant, assis sur le lotus, la tête entourée d'une gloire ronde, faisant de ses deux mains le
geste d'enseignement (l'index et le pouce réunis).

AMIDA, conducteur des âmes, debout sur le lotus,

la tête entourée d'une gloire ronde ornée de cinq
figures de Bouddhas. Il fait les gestes d'enseignement
et de charité (XVIIe ou XVIIIe siècle, redoré récemment).

Grande statue de ROSHANA une des formes d'Amida, assis dans l'attitude de la célèbre statue de Kamakoura appelée *Daï-Boutsou*, « Grand Bouddha ».
Ce dieu est caractérisé par le geste qui lui est habituel : les deux mains posées sur les genoux, la paume
en l'air, les deux index se touchant par leur seconde
phalange ; — geste de charité et méditation.

AMIDA, conducteur des âmes, debout, avec une
gloire ronde.

Autre statue de ROSHANA assis.

Très belle statue de KÔ-HÔ KOUAN-ON, figure voilée
assise sur un lotus, avec gloire en forme de feuille de
figuier, les deux mains ouvertes et posées l'une sur
l'autre, la paume en l'air.

Statue de bois peint : FOU-TÉN, dieu du vent, au *Devant*
corps bleu, grimaçant et portant la besace où les *les fenêtres*
vents sont emprisonnés.

Statue de bois doré du XVIe siècle : AMIDA, conducteur des âmes, debout sur le lotus, avec une auréole en feuille de figuier ornée de treize figures de
Bouddhas.

Statue de bois doré : AMIDA, conducteur des âmes,
debout, avec une gloire ronde radiante.

Statue de bois peint : RAÏ-DÉN, dieu du tonnerre,
figure terrible, au teint rouge, entourée d'un cercle de
tambours sur lequels il frappe avec deux baguettes.

# *Vitrine* 10.

## SECTE SIN-GON

La secte ésotérique et mystique de *Sin-gon* est

KÔ-BÔ DAÏ-SHI
Fondateur de la secte Sin-gon.
Statue de faïence.

une des plus anciennes du Japon. Elle a été fondée au IXᵉ siècle par le prêtre Kô-bô daïshi, inventeur de l'écriture cursive, dite *Hirakana*, qui a été adoptée surtout par les poètes et par les femmes. Elle appartient, comme du reste tout le bouddhisme japonais, à l'école Mahâyâna. Elle donne la première place à DAÏ-NITI NIORAÏ (*Vairocana*), le Bouddha éternel, incréé, dont tous les autres Bouddhas ne sont que des émanations. AMIDA lui-même n'est plus qu'une transformation secondaire de ce Bouddha éternel, et son rôle est restreint à la présidence du paradis de Soukhâvati. Au dessous de lui, le culte le plus fervent appartient aux Bodhisattvas FOUGUEN, personnification de l'intelligence de Daï-Niti, et KOUAN-ON, en sa qualité de protecteur perpétuel du monde et de dieu de la charité. SHAKA-MOUNI (Çâkya-Mouni) ne vient qu'après. Elle adore aussi nombre de génies protecteurs du monde et de la religion, surtout FOUDÔ MIO-HÔ, le chef des génies *Tembous*.

Peinture sur soie où les Bouddhas sont remplacés par des lettres sanscrites employées avec une valeur symbolique.

Kakémono sur soie : AMIDA, dans un cercle de vingt-quatre lettres sanscrites.

Autre Kakémono : Tô ou *Stûpa*, décoré de lettres sanscrites.

Brûle-parfums en bronze, ornés de caractères sanscrits découpés à jour.

Statuette, en vieille faïence japonaise, portrait du prêtre KÔ-BÔ DAÏ SHI, fondateur de la secte Sïngon, mort en 835. Il tient en main le *gokô* (foudre à cinq pointes), insigne de son rang de grand-prêtre.

Deux statuettes de bronze représentent des prêtres.

15

Manuscrit donné à M. Guimet par le grand-prêtre du temple de Tohédji à Nagoya. C'est la grammaire du vieux sanscrit usité dans les anciens manuscrits sur feuilles de palmier conservés dans les temples du Japon, suivie de l'explication du sens mystique des caractères sanscrits. Ce livre est le premier document de ce genre apporté et publié en Europe (*Annales du Musée Guimet*, t. I).

*2e rayon.*   Chapelles reliquaires en bronze et en bois.

*Réi*, sonnette sacrée dont le son appelle les dieux et met en fuite les démons.

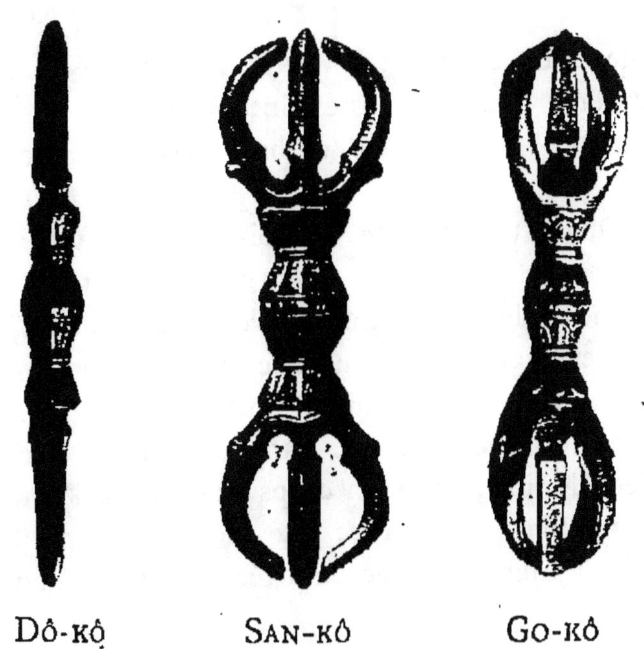



*Kôs*, instruments employés par les prêtres au cours des cérémonies bouddhiques et dans les exorcismes. Il y a le *Dô-Kô* simple qui sert aux prêtres du rang inférieur ; le *San-Kô*, « trois kôs », qui symbolise les trois *manières d'être* des Bouddhas ; le *Go-Kô*,

« cinq kôs », emblème des cinq Bouddhas suprêmes. Ce dernier n'est employé que par les prêtres du plus haut rang. Comme sa forme l'indique, le *Kô* est l'image de la foudre.

Statuette en très vieille faïence craquelée, image du Bouddha suprême Daï-Niti Nioraï.

Série de petits reliquaires renfermant des reliques (?) du Bouddha Shaka-Mouni.

Conque, ou coquille marine, servant de trompette.

Deux statuettes, une en faïence et l'autre en grès de Bizen du xviie siècle, représentent un *Yamaboushi*, ermite de la secte Sïn-gon, se servant de cet instrument.

Statuette de bronze : Daï-Niti Nioraï, le Bouddha suprême faisant le geste d'intelligence.

Aïzen mio-hô; statuette de bois avec une gloire rouge.

Kô-bô daïshi; statuette de bois noir du xviie siècle.

Figurine de bronze : Animal à corps d'éléphant, à six pieds et quatre ailes, sans tête ni queue.

Figurine de bronze : Animal apocalyptique à corps de cheval ailé, avec une tête humaine à trois yeux et à crinière de lion; tout son corps est parsemé d'yeux.

Le Bouddha Amida avec une gloire en forme de 3e *rayon.* feuille de figuier ornée de caractères sanscrits; bois doré.

Chapelles de Foudô mio-hô. Le dieu est représenté 4o *rayon.* avec les quatre *Tembous*, quelquefois avec deux serviteurs, rarement seul. On le reconnaît, du reste, facilement aux flammes qui l'entourent, à son air terrible, et surtout à l'épée et au lacet dont il ne se sépare jamais.

YAMABOUSHI
Sonnant de la conque.

Groupes (bois sculpté) représentant le prêtre YEN-NO-GUIO-DJA et ses deux serviteurs.

Chapelles de FOUDÒ MIO-HÒ et de BÉN-TÉN.

FOUDÒ MIO-HÒ dans une boule de cristal figurant la pierre précieuse *Mani*.

Kakémono où les Bouddhas et les dieux sont re-présentés par leurs caractères sanscrits symboliques. *Au dessus la vitrine*

Le Bouddha AMIDA ; bois doré.

## *Vitrine* II.

### SECTE HOKKÉ-SIOU

Primitivement sous-secte de Tén-Daï, la secte Hokké-siou, appelée aussi *Nitiren-siou*, s'est fait peu à peu, et surtout depuis le XVIe siècle, une place tout à fait indépendante par suite de l'importance toute spéciale qu'elle a donnée au culte du *Tri-ratna* (*en japonais*, Sam-bò), « les Trois joyaux », ou Trinité bouddhique : *Bouddha, Dharma, Sangha*. Elle met la *Loi, Dharma*, au dessus des Bouddhas qui ne sont que ses interprètes et ses prophètes. Dans les chapelles ou *Mandaras* de cette secte, le *Dharma* est représenté sous la forme d'une stèle ou tablette portant écrite en un caractère spécial la formule d'invocation sacrée : *Namou Miò hò rengué kiò*, « Adoration au Lotus de la Bonne-Loi », placé entre deux personnages assis, dont l'un (à droite) représente le Bouddha éternel AMIDA, et l'autre, la personnification de l'Église bouddhique, ou *Sangha*, sous la forme de ÇÂKYA-MOUNI, le Bouddha humain, chef et organisateur de cette Église.

Le fondateur de cette secte fut le prêtre Niti-ren (XIᵉ ou XIIᵉ siècle) qui passe pour l'un des plus grands thaumaturges du Japon.

Niti-ren

Fondateur de la secte Hokké-siou.

Bois sculpté.

*Fond de la vitrine.*  Vêtement de prêtre en soie brodée de caractères sanscrits.

*on du bas.*  Plateaux à offrandes en cuivre ciselé.

Les quatre GRANDS ROIS, gardiens du monde ; bois peint.

Dans une chapelle peinte en rouge : KISMIMODJÏN, portant son fils BINGARA, et dix de ses 999 filles : bois peint.

Chapelle mandara du SAM-BÔ. Au premier rang : *2° rayon* DAIKOKOU, dieu de la richesse, entre les Bodhisattvas FOUGUÉN sur un éléphant, et MONDJOU, sur un lion.

Chapelle mandara, en bois doré, de la Trinité bouddhique accompagnée de nombreuses figures de Bouddhas et de saints, au milieu desquels se trouve le Bodhisattva DJISÔ, sauveur des âmes, avec deux serviteurs portant, l'un une lance à trois pointes, l'autre une tablette de cour (*sia-kou*). NITI-REN, le fondateur de la secte, est assis au premier rang, au bas des degrés. La chapelle est armoriée au blason de la famille de Nou-ki-na (une orange et cinq feuilles d'oranger dans un cadre carré).

Chapelle du SAM-BÔ (Trinité : une tablette entre deux Bouddhas), en bois sculpté du XVIᵉ siècle.

Dans une chapelle, tablette en bois doré avec l'invocation : *Namou mió bô ren-gué kió*, profession de foi de la secte Hokké-siou.

Statuette de bois du XVIIᵉ siècle : NITI-REN, tenant un rouleau à la main. Cette image a subi la cérémonie de l'ouverture des yeux.

Deux autres statuettes de bois représentent le prêtre Niti-ren jeune et vieux.

Grande chapelle mandara du SAM-BÔ. La Trinité, *3° rayon.* accompagnée de Bouddhas et de saints, est gardée par les quatre génies gardiens du monde. Au premier rang figurent : le Bodhisattva DJISÔ, la déesse BÉN-TÉN, DAIKOKOU et NITI-REN.

Autre chapelle mandara du SAM-BÔ. La Trinité
avec quatre Bodhisattvas. Au dessous, les dieux MIÔ-

NITI-REN VIEUX
Bois sculpté.

KATÔ-KYOMASA

Bois sculpté du XVIᵉ siècle.

15.

KÉN, dieu de la Grande-Ourse, AïZEN MIO-HÔ, FOUDÔ MIO-HÔ et DAïKOKOU. En avant, NITI-REN entre MONDJOU et FOUGUÉN. Aux angles, les quatre gardiens du monde.

KATO KYOMASA, célèbre général de Taïkô, fervent disciple de la secte Hokké-siou; statuette de bois noir dans une chapelle de laque.

Dans une petite chapelle, statuette du dieu MIO-KÉN en cuivre doré.

*sus de la vit.*  Le Bouddha ROSHANA : bois noir.

*roite de la vitrine.*  Tô ou pagode reliquaire consacrée au Bouddha TAHÔ, dans le temple d'Amatani, en 1764.

BLASON DE KATO KYOMASA

## *Vitrine* 12.

### SECTE SIN-SIOU

Une des dernières venues au Japon, et ancienne sous-secte de *Djô-dô*, cette secte, fondée par le prêtre

Shĭn-ran, est cependant celle qui compte le plus
grand nombre de fidèles. Elle doit son succès à la

Shĭn-ran
Fondateur de la secte Sïn-siou.
Bois du xvi<sup>e</sup> siècle.

simplicité de ses dogmes et à la douceur de sa dis-
cipline. En effet, aux laïques, elle n'enjoint que le
respect et l'observation des lois du pays et l'adoration
du Bouddha Amida, dont elle fait sa divinité principale à cause de son rôle funéraire comme président

du paradis de Soukhâvatî. Elle restreint le culte à la répétition aussi fréquente que possible de l'invocation : *Namou Amida Boutsou*, « J'adore le Bouddha Amida », qui, prononcée avec ferveur, suffit à ouvrir les portes du paradis. Aux prêtres, elle n'impose que la charité, l'amour divin et du prochain, et la pureté des mœurs, leur permettant du reste de se marier et les dispensant des jeûnes excessifs et de l'abstinence absolue de viande et de poisson, qui sont formellement prescrits aux ministres des autres sectes. Elle leur interdit la mendicité. SHAKA-MOUNI reçoit, chez elle, un culte de vénération, mais pas d'adoration, ce qui est réservé pour AMIDA. Le Bodhisattva KOUAN-ON a même un culte supérieur à celui du fondateur du Bouddhisme. Il accompagne habituellement Amida avec un autre Bodhisattva, Séïsi, qui représente la piété et n'est en réalité qu'un dédoublement de Kouan-on. C'est avec le chapitre de cette secte que M. Guimet a eu la longue conférence publiée dans le premier volume des *Annales du Musée*. La sténographie de cette conférence a été imprimée au Japon et les prêtres de la secte s'en servent comme d'une sorte de catéchisme.

*Kakémono* peint sur soie encadré d'une bordure en soie blanche ornée des armoiries du Temple de Hon-guan-dji : SHÔTOKOU-TÔ-AÏSHI, prince de la famille impériale, qui fut très versé, dit-on, dans la théologie bouddhique.

*Kakémono*, peint sur soie par le prêtre Don-yô, représentant DON-RAN, prêtre de la secte Djô-dô, tenant un sceptre ou crosse et un chapelet.

*Kakémono* représentant ZÉN-DÔ, prêtre chinois, fondateur de la secte Djô-dô. Il tient un chasse-mouches.

Livres sacrés sur des portoirs de laque et, en *Rayon du*
avant, le texte japonais de la conférence de la mission
de M. Guimet avec les grands-prêtres de la secte Sïn-
siou, dans le temple d'Hon-guan-dji.

Photographie de MM. Kô-Idzumi Riô-taï et Yoshi-
tsura Hôguén, prêtres de la secte Sïn-siou, qui ont
célébré la cérémonie *Hô-on-kó* en l'honneur de Shïn-
ran, au Musée Guimet, le 21 février 1891.

Deux rouleaux, texte original manuscrit des dis-
cours, en l'honneur de Shïn-ran, prononcés par ces
deux prêtres.

Très belle statuette de bois (XIIIe siècle), provenant *2[e] rayon*
du célèbre temple de Kamakoura : AMIDA, conduc-
teur des âmes, faisant le geste d'enseignement et de
charité.

AMIDA, statuette de grès de Bizen imitant le métal.

Sur un portoir en laque : *Nio-i*, ou sceptre de prêtre.

Statuette de terre cuite imitant le bronze : KOU-YA-
DJÔ-NÏN, prince de la famille impériale, qui se fit
moine bouddhiste et fonda, au Xe siècle, une secte
analogue à celle de Sïn-siou.

Statuette de bois (XVIe siècle), portrait de SHÏN-RAN,
fondateur de la secte Sïn-siou.

Portoirs à offrandes en bois doré et gâteaux de riz,
de diverses couleurs, ayant servi à la cérémonie Hô-
on-Kô.

Brûle-parfum, chandeliers et vases à fleurs en vieux
cloisonné du Japon, qui décoraient l'autel pour la cérémonie Hô-on-Kô.

AMIDA; statuette en bois noir du XVe siècle.

AMIDA entre KOUAN-ON et SÉÏSI; groupe bois
doré.

Raï-Kô Boutsou, Amida conducteur des âmes; bois du XVII<sup>e</sup> siècle.

Tablette en laque noire et or : Invocation *Namou Amida Boutsou,* écrite en caractères chinois par Sïn-yo, quarante-huitième grand-prêtre de la secte Sïn-siou.

Petit brûle-parfum en bronze, vase de bronze et chandelier représentant une grue sur une tortue, garniture d'autel de la secte Sïn-siou.

*3<sup>e</sup> rayon.* Garniture d'autel en porcelaine de Nankin.

*dessus de la vitrine.* Prêtres inférieurs de la secte *Sïn-siou* écoutant, à travers les murs de papier du pavillon de Taï Kô, dans le temple de Honguan-dji, la conférence des prêtres supérieurs et de la mission scientifique française. — *Peinture de Félix Régamey.*

*côté de la vitrine.* Statue de bois laqué rouge : Dharma, patriarche bouddhiste, introducteur du Bouddhisme en Chine.

Les prêtres Kô-Idzumi-Riô-taï et Yoshitsura-Hô-guen, célébrant la cérémonie Hô-on-Kô. — *Dessin de Félix Régamey.*


# *Vitrine* 13.

## SECTE DJO-DO

La secte *Djô-dô,* d'origine chinoise, a été importée au Japon par le prêtre Hô-nen au XII<sup>e</sup> siècle de notre ère. Elle s'occupe principalement de la vie future, et le but qu'elle propose à ses disciples est plutôt le paradis secondaire de *Soukhâvati* que le *Nirvâna,* trop difficile à atteindre pour la masse des fidèles. Son culte s'adresse donc principalement au Bouddha Amida,

Kou-ya-djô-nïn

Terre cuite.

président de Soukhâvati et à ses deux acolytes les Bodhisattvas Kouan-on et Sëïsi. Elle a aussi une dévotion spéciale pour le Bodhisattva Djisô, le sauveur
des âmes, qui se dévoue à sauver de l'enfer les âmes
des enfants morts avant d'avoir pu racheter par une
nouvelle vie les fautes commises dans leurs existences
précédentes. On lui recommande aussi tous les défunts en général.

La secte Djô-dô a conservé toutes les pratiques et
les prescriptions du Bouddhisme, notamment les
jeûnes, les abstinences, l'obligation pour les prêtres
de pratiquer le célibat et d'exercer la mendicité.
Néanmoins, elle accorde à l'invocation *Namou Amida
Boutsou* la valeur d'une adjuration magique et admet
que sa récitation fervente suffit à ouvrir les portes de
Soukhâvatî.

Il semble que la secte Djô-dô considère l'enfer
comme éternel.

*fond de la vitrine.*    *Kakémono*, peint sur papier : L'Enfer et ses huit di-
visions. Cette peinture nous montre l'enfer bouddhi-
que sous les mêmes couleurs que les enfers du moyen
âge, avec un peu plus d'imagination peut-être dans
le nombre et le choix des supplices. En haut, Yém-ma,
roi des enfers, assis à son tribunal, juge les morts
que lui amènent les démons, ses aides. A droite de son
tribunal, on voit le miroir, *Kagami,* où se reflètent
tous les actes de la vie, et la balance où se pèsent les
bonnes et les mauvaises actions.

*Kakémono* très finement peint sur soie, du XVIIIᵉ siècle, copie d'une vieille peinture du VIIIᵒ siècle : Le
Paradis de Soukhavatî. Soukhâvatî est un immense
lac, dont la surface est couverte de fleurs de lotus qui
répandent un rare parfum et servent de sièges aux

élus. Au milieu est AMIDA, entre KOUAN-ON et SÉÏSI et, tout autour d'eux, les Boddhisattvas et autres bien-heureux assis sur leurs lotus. En bas, on voit un orchestre de musiciens cé.estes et des chœurs de danseurs et de danseuses.

Kakémono sur papier : YÉM-MA (Yama), roi des enfers et juge des morts.

Cymbales de cuivre, *Niô-batchi*, servant dans les cérémonies funéraires.

*Késa*, étole en gaze de soie lamée d'argent.

AMIDA, conducteur des âmes ; bois peint.

Tablettes de bois doré (XVIᵉ siècle), présentant en relief les images de ZÉN-DÔ, fondateur chinois de la secte *Djô-dô*, et de HÔ-NÉN, fondateur de cette secte au Japon.

*Gakou*, tablette d'invocation au Bodhisattva Djisô.

Groupe en bois du XVᵉ siècle (redoré récemment) : AMIDA entre KOUAN-ON et SÉÏSI.

Statuette de bois peint : YÉM-MA, son sceptre à la main, assis sur un coussin.

Tablettes funéraires en laque noire avec peintures or. Ces tablettes se consacrent dans les temples en souvenir des défunts. La plupart portent les armoiries des familles qui les ont consacrées.

Grande statue de bois peint (XVIᵉ siècle) : DJISÔ, le Bodhisattva sauveur des âmes. C'est un ancien prêtre qui s'est, dit-on, réincarné plusieurs fois. Il aurait vécu dans plusieurs mondes et, notamment, en Occident.

Statue de bois peint : DJISÔ, assis et méditant, la tête appuyée sur sa main droite.

Dans une petite chapelle : Fragment d'une vieille peinture, représentant neuf des mille Amida, attribuée à Hô-nen (xıı* siècle), fondateur au Japon de la secte *Djó-dó*.

Chapelle de laque rouge, renfermant une image en bois de santal de KASSÉKI, ancien grand-prêtre de la secte *Djó-dó*.

*dessus de la vitrine.* Très belle statue de bois doré : AMIDA méditant, abrité par une auréole en forme de feuille de figuier.

*e les colonnes.* Deux lanternes de temple, en bronze, aux armes de la famille de Yoshida (trois feuilles de chêne), dédiées à Kò-bô-daï-shi.

## QUATRIÈME SALLE

*les colonnes.* Statue de bronze (xvııı° siècle) : DJısô, assis sur un lotus, la jambe gauche pendante, tenant le sistre à anneau et la boule précieuse.

Statue de bronze, coulé sur feuilles d'or (xvııı° siècle) : FOUDÔ MIO-HÔ, entouré de flammes, tenant le glaive et le lacet.

*A gauche.* Chapelle de laque brune avec portes finement sculptées à l'intérieur, sauvée de l'incendie du temple d'Ouyéno, en 1868.

Dans cette chapelle : Statue de bois noir, du XVI° siècle, représentant Shïn-ran, fondateur de la secte Sïn-siou.

*A droite.* Chapelle de laque rouge renfermant une jolie statuette de KOUAN-ON en bois de santal.

*u milieu de la salle.* Grande statue de bronze (XVIII° siècle) : Le Bodhisattva DJısô, sauveur des âmes, debout sur le lotus,

Foudô Miô-Hô

tenant le bâton à sistre et la boule précieuse. Statue consacrée en 1723 dans le temple de Sïnsodomoura, province de Shimosa.

# *Vitrine* 14.

## LÉGENDES JAPONAISES

Les pièces réunies dans cette vitrine n'ont rien de religieux ; elles représentent des sujets de contes et légendes populaires et sont surtout intéressantes par leur art. La même observation s'applique aux objets renfermés dans la vitrine des Légendes chinoises.

*verticale.*  Statuette de bois peint du XVIIe siècle : Vieux diable qui, ne pouvant plus faire le mal, a pris la robe rouge, le vase à aumônes et le parapluie du moine mendiant, et cherche à émouvoir, par ses airs béats, la charité des passants.

Groupe en bois du XVIIe siècle : Les génies de l'amitié.

Groupe en bois du XVIe siècle : Porteurs de cloches à longues jambes : suivant la tradition populaire, ce serait la race primitive, le premier essai, peu satisfaisant, de la création.

Statuette de bois : Le dieu SHÔKI, destructeur des démons.

Statuette en faïence d'Hagny : KÔMATHI, célèbre femme poète du Japon.

Trois statuettes de faïence d'Avata, représentent les trois patriarches *Ki-oura-oské*, *Ourasima-Târô* et *Tobô-Sâkou*. Le premier vécut cent six ans, le second deux cents ans et le troisième trois cents ans.

Statuette de grès de Takatori : le blaireau *Tanaki*

LE DIABLE DEVENU MOINE BOUDDHISTE
Bois sculpté japonais du XVII<sup>e</sup> siècle.

déguisé en prêtre pour échapper à un chasseur. Au Japon, le renard et le blaireau jouissent d'une répu-

PORTEURS DE CLOCHE
Bois sculpté japonais du XVIIe siècle.

tation de finesse et de diablerie parfaitement établie.
Groupe de bois sculpté : Le renard *Kitsouné* sortant d'une marmite de riz, à la grande frayeur des

assistants. Explication originale du phénomène de la marmite de Papin.

Groupe en grès de Bizen : Djô et Ouba, Philémon et Baucis japonais. *2e rayon.*

Très belle statuette de faïence : Ouba, armée de son balai.

Statuettes de bronze : Djô et Ouba. Ouba tient son balai.

Belle statuette de grès de Bizen : La *Félicité parfaite*, représentée sous la forme d'un homme endormi.

Figurines de terre cuite attribuées à Koëmon *3e rayon.* (XVIe siècle).

Statuettes de porcelaine et de bois représentant le dieu Shô-ki.

Rouleau peint sur soie, caricatures religieuses et *Partie plate.* historiques, signé par Tamé-Nobou (XVIIIe siècle).

Fêtes populaires des douze mois de l'année, par M. Kubota.

Rouleaux de peintures diverses.


# *Vitrine* 15.

## LÉGENDES CHINOISES AU JAPON

Statuette de bois peint (XVIIIe siècle) : Tchéou- *Partie vertic* Thsang, écuyer de Kouan-ti, dieu de la guerre, armé de sa hallebarde.

Trois statuettes de porcelaine de Nagoya, représentant l'empereur Riou-bi, ou Gén-to-Kou, avec son général Kouan-ti et son échanson Tchô-hi.

Belle statuette de grès de Takatori : Le philosophe déifié Kin-kô, sur une carpe.

**2ᵉ *rayon*.**   Statuette de bois, du XIIᵉ siècle, représentant un personnage assis.

Statuette de bois peint : CHIN-NOUNG, second empereur mythologique de la Chine, inventeur de la médecine. Il est habillé de feuilles.

Statuette de bois peint (XVIIᵉ siècle) : Mô-Kô, philosophe sauvé, dit-on, d'un naufrage par une tortue qu'il avait autrefois tirée des mains de quelques enfants qui la tourmentaient. La tortue se trouve dans la partie plate de la vitrine.

Groupe bois sculpté du XVIIIᵉ siècle : HÉNDJAKOU et le génie qui lui apprend la médecine et la sorcellerie.

Très belle statuette du XVIIᵉ siècle, représentant le philosophe TÉ-KAÏ (Li-tié-koué), exhalant son âme.

Groupe de bronze (XVIIIᵉ siècle : OSSI-CHIN, ancien roi de la Chine, tenant un orgue à bouche et accompagné d'une grue.

Terre cuite de Kiotô (XVIIIᵉ siècle) : Personnage habillé en femme, et les cheveux épars. C'est KIKOU-DJI-DO, le page banni dans le désert pour avoir marché par mégarde sur le coussin de l'empereur Mou-oang. Il vécut trois cents ans et resta toujours jeune.

Figurine de bois laqué imitant le bronze (XVIIIᵉ siècle), représentant un jeune homme assis sur un lion. On l'appelle le *Berger des Lions*.

Statuette de faïence de Kiotô : Mô-KÔ, debout sur la tortue qui le sauve du naufrage.

*rtie plate.*   Caricatures peintes sur soie par Tamé-nobou.

Album peint sur papier représentant les sept dieux du Bonheur.

Livre manuscrit illustré de la *Piété filiale.*

Trois *Kakémonos*, peints sur papier : Histoire du *Devant les* prêtre SHÏN-RAN (1173-1262), fondateur de la secte *fenêtres.* Sïn-siou.

## *Vitrine* 16.

### LÉGENDES HISTORIQUES

Statuette de bronze : KSOU-NO-KI MASSA-SHIGUÉ, cé- *1er et 2e rayo* lèbre général du XVIe siècle, portant sur son dos la hotte qui sert de sac au soldat japonais et assis sur un rocher.

Statuette porcelaine de Kiotô : KSOU-NO-KI MASSA-SHIGUÉ assis un livre à la main.

Statuette de bronze (XVe siècle) : TÉÏ-TO, héros et poète, assis devant une table et jonglant avec un vase.

Belle statuette de bois sculpté : Le prêtre-poète SAÏ-GO-NIÔ, debout, appuyé sur un bâton.

Statuettes de terre cuite de Kiotô : L'impératrice ZIN-GOU, conquérante de la Corée, un éventail à la main et le sabre au côté, et son ministre TAKÉNO-OUTCHI tenant un poupon.

Statuettes de terre cuite de Kiotô : Le héros VATA-BE-NO-TSOUNA et sa mère.

Statuette de bois sculpté du XVIIe siècle : OÏSKI-KOURANO-SOUKÉ, chef des quarante-sept *Ronins*, tenant le *gohé*, insigne de commandement.

Groupe de porcelaine de Kiotô : Bataille sur le pont de Kiotô du géant BENKÉ et du jeune YOSHI-TSOUNÉ qui renverse son adversaire d'un seul coup d'éventail.

Statuette de bois (XVIᵉ siècle) : YOSHI-TSOUNÉ porté par le géant BENKÉ.

Statuette de porcelaine : YOSHI-TSOUNÉ portant TÉN-GOU, dieu de la montagne, à bras tendu.

Le vieux TÉN-GOU portant YOSHI-TSOUNÉ à bras tendu ; bois.

*et 4ᵉ rayons.*    Poupées de la *Fête des petites filles*, représentant une fête à la cour impériale. — La *Fête des petites filles* a lieu le 3 mars ; elle est l'occasion d'une dînette, préparée par les jeunes filles de la maison, à laquelle elles invitent leurs amies.


## *Vitrine* 17.

### DIEUX DU BONHEUR

Les *Dieux du Bonheur* sont au nombre de sept. Ils ne figurent pas dans les temples, au moins en cette qualité et sous l'aspect que leur donne la fantaisie populaire ; on ne leur rend aucun culte, ce qui ne les empêche pas de trôner dans toutes les maisons où ils jouent le rôle de Lares. Dieux-bibelots, ils sont bons enfants, comprennent fort bien la plaisanterie et ne se formalisent pas d'un peu de caricature. Ils furent inventés, dit-on, par un habile courtisan, *Dai-Oino-Kami*, pour expliquer un rêve qui avait fort effrayé le Shô-goun Yémitsou pendant la nuit du 1ᵉʳ de l'an 1624. Daï-Oinô Kami sut persuader à son maître que les sept monstres qui lui étaient apparus n'étaient autres que les *Dieux du Bonheur* venant lui rendre leur visite de nouvel an. De plus, il eut l'art de trouver dans le Bouddhisme, le Shintô et le Taôisme, sept personnages divinisés correspondant à peu près à ceux que décrivait le Shôgoun. Au Bouddhisme, il emprunta BISHAMON, dieu de l'Est, pour en faire le dieu du courage et des guerres heureuses, DAÏKÔKOU, dieu de la richesse, HOTÉÏ, le prêtre ventru, soi-disant incarnation de Maitréya, dieu du contentement, et BÉN-TÉN, la déesse de la beauté. Il prit au Shïntô YÉBISOU, le dieu des pêcheurs et du commerce. Le Taôisme lui fournit les deux dieux de la longévité, FOKOU-ROKOU-DJOU et DJOU-RÔ-DJÏN.

Kakémono, peint sur soie, représentant BÉN-TÉN, BISHAMON, DAÏKOKOU et DJOU-RÔ-DJÏN. *Au fond de vitrine.*

Kakémono, peint sur papier : DAÏKOKOU, debout sur un ballot.

DAÏKOKOU, dieu de la richesse ; nain difforme à grosse tête, l'air jovial, tenant un marteau et debout sur un ballot de riz ; grès de Bizen. *Rayon du b[…]*

BISHAMON, dieu du courage, armé d'une massue et debout sur un lion ; terre cuite.

Images de FOKOU-ROKOU-DJOU, dieu de la longévité, à grosse tête.

Figurines représentant DJOU RÔ-DJÏN, autre dieu de la longévité.

Statuettes de DAÏKOKOU en diverses matières *2e rayon.*

HOTÉÏ, dieu du contentement et de la modération dans les désirs, incarnation de MIROKOU (*Maitréya*), le Bouddha futur, assis sur un sac ; bois noir.

Groupe de bois sculpté et peint ; DAÏKOKOU et YÉBIS, fatigués de porter leurs attributs, les traînent sur un chariot.

Les Sept Dieux du Bonheur en porcelaine de Koutani.

3e *rayon*. Yébis, dieu du commerce et des pêcheurs, tenant sous son bras un *Tai* ou dorade, bois peint du xvie siècle.

Bén-Tén, déesse de la beauté, de l'éloquence et de la musique, entre Daïkokou et Bishamon, dans une chapelle de bois doré.

Bén-Tén, jouant de la *biva*; bronze, dans une chapelle de laque.

Statuettes de Bishamon, Djou-Rô-Djïn et Fokou-Rokou-Djou.

4o *rayon*. Deux figurines de terre cuite de Tokonabé, représentent la *Grue* sacrée, qui vit mille ans, et la *Tortue* à longue queue, qui vit dix mille ans.

Images diverses de Daïkokou et de Bishamon.

## CINQUIÈME SALLE

Statue de bois doré représentant Nikô-Bosatsou *Au milieu*
tenant un lotus surmonté d'un disque.                    *la salle.*

Deux *Norimonos* (chaises à porteurs) ornés de très

BLASON DE SEN-DAÏ

beaux cuivres ciselés, celui de droite aux armes de la
famille de Sen-daï, celui de gauche aux armes des
Koudjô.

## *Vitrines 18 et 19.*

Peintures anciennes sur soie et sur papier.
Kakémonos brodés.
*Arrhat* pleurant, terre cuite du IX<sup>e</sup> siècle.
Shitsouzan no shaka, bois doré très ancien.
Portrait en bois sculpté et peint, du XVI<sup>e</sup> siècle.
Makémonos et albums peints à la main.

*tour de la salle.*  Statuette de bronze de Tô-kiô : DAÏ-NITI NIORAÏ, assis sur un lotus et faisant le geste de *l'intelligence*

Portrait.
Bois sculpté du XVIᵉ siècle.

*suprême.* Image dédiée par une troupe de comédiens.

Statue de bronze du XVIII<sup>e</sup> siècle : KAYEN MIO-HÔ (*Agni*), tenant le sabre et la boule précieuse.

Dans une chapelle, statue de bois noir représentant SHÔ KOUAN-ON, faisant le geste de charité et tenant une bouteille.

Statue de bronze par Otani-Massa-tsounô (XVIII<sup>e</sup> siècle), consacrée dans le temple de Mi-yéï-dô : DJISÔ, tenant le bâton à sistre, debout sur un lotus décoré d'un svastika.

Fauteuil de prêtre en bois noir laqué, aux armes d'Assaïna.

Lion et lionne gardiens de temple, en bois doré du XIII<sup>e</sup> siècle, provenant du temple de Kamakoura.

Autre statue de bronze du même artiste que la précédente et consacrée dans le même temple : DJISÔ, la tête ceinte d'une gloire ronde ornée de fleurs de lotus, tenant le bâton à sistre et la pierre précieuse, debout sur un lotus.

Fauteuil de prêtre en bois laqué rouge.

Statue de bois représentant un personnage coréen coiffé d'un chapeau de paille, et tenant une tête, une patte et une plume de grue.

Groupe de bois noir (XVII<sup>e</sup> siècle) : FOUDÔ-MIO-Ô, le sabre et la corde en mains, debout sur un rocher, entre SÉÏ-TA-KA (*à gauche*), tenant un lotus, et un autre serviteur, armé d'une massue.

Statue de bronze : YÂKOUSHI NIORAÏ, président des génies des heures et du Zodiaque, assis sur un lotus dans l'attitude de la méditation. Image consacrée par une troupe de comédiens.

## SIXIÈME SALLE

*Au milieu de la salle.*  Belle statue de bois bronzé du XIVᵉ siècle : Le prêtre DHARMA sortant de son tombeau, drapé dans son linceul et un soulier à la main.

Deux lanternes en bronze aux armes de Tokougawa, fabriquées en 1835.

*ant les colonnes, à droite.*  Statue de bois doré (XVIIᵉ siècle) : AMIDA méditant, avec une gloire en forme de feuille de figuier ornée de six Bouddhas, assis sur un lotus aux armes de Maëda.

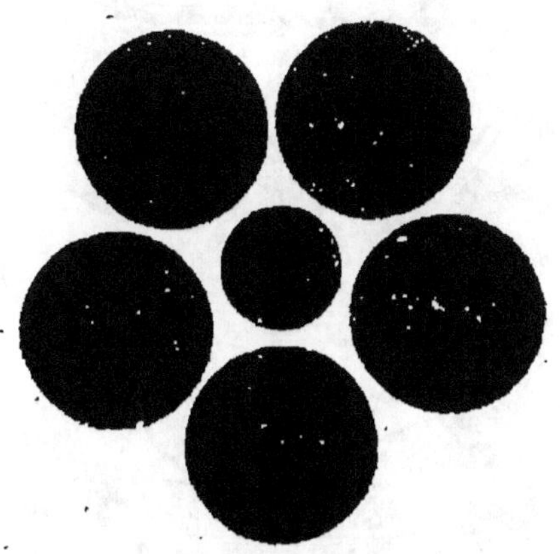

BLASON DE MAËDA

*A gauche.*  Statue de bois de pin du XIIᵉ siècle : DAÏ-ZOUI-GOU, dieu inspirateur des grands hommes, à huit bras armés du *gokō*, de la hache, de l'épée, du trident, du lotus, du serpent, de l'étendard et du livre. Cette image a figuré dans la chapelle particulière du Shôgoun Taï-kô.

Amida Mouriô-Djou-Kiô

Bois doré du XIIe siècle.

*tour de la salle.*    Grande chapelle de la secte Sïn-siou.

Amida Mourió-djou-kió, ou Amida enseignant dans le paradis de *Soukhâvatî*; bois doré du XII<sup>e</sup> siècle.

Amida, conducteur des âmes; bois noir du X<sup>e</sup> ou du XI<sup>e</sup> siècle.

## *Vitrine* 20.

### OBJETS IMPÉRIAUX

*on du bas.*    Vase funéraire en terre grise à peine cuite. Ce vase renfermait les objets, dits *Mangatamas* (dents, griffes, anneaux, etc., en jade, pierre dure et bronze), qui l'entourent.

Boîte en laque aventurine aux armes du Mikadô (une fleur de chrysanthème).

*2<sup>e</sup> rayon.*    Statuette en terre cuite, *Tatémono*, très grossière, spécimen de celles qui ont remplacé les victimes humaines dans les funérailles depuis le décret de l'empereur *Soui-nïn-ten-nô*, l'an 2 avant notre ère.

Statuette en terre cuite du VI<sup>e</sup> siècle, provenant du temple de Hokô-dji à Nara et représentant un bonze chantant.

Manuscrit du XII<sup>e</sup> siècle ayant appartenu à l'empereur Gô-daï-gô-tén-nô et en dernier lieu au défunt prince de Shô-gô-in, frère de l'empereur actuel. C'est un album de poésies envoyé à l'empereur Gô-daï-gô par ses fidèles pendant son exil à Oki.

Écritoire de poche et pinceaux du feu prince de Shô-gô-in.

*3<sup>e</sup> rayon.*    Tomoyé-Gozen, maîtresse du shôgoun Yoshinaka; bois peint.

Dame de la cour en costume de cérémonie; bois peint.

Sabre de cour, lame de Bizen du XIV<sup>e</sup> siècle.

Casque en fer laqué rouge, ayant la forme d'un *4° rayon.* bonnet phrygien, provenant de Kamakoura (XII<sup>e</sup> siècle).

Disque en terre cuite, copie d'un ex-voto fait par *Kikkô Itchirô*, le 7 septembre 1860.

Deux tableaux à six compartiments représentent *Contre le m* douze des trente-six grands poètes japonais, peints au siècle dernier. Les vingt-quatre autres poètes sont placés au second étage dans la salle des Estampes japonaises.

Cinq grandes peintures provenant d'une chapelle du temple de Shiba, près de Kiotô. Elles représentent les seize grands RAKANS, disciples du Bouddha. C'est une célèbre composition du prêtre Miô-tchiô (XVI<sup>e</sup> siècle), reproduite par Kén-you-saï Kadzou-no-bou (XIX<sup>e</sup> siècle).

Boîte, en forme de hotte de soldat, en laque noire, rouge et or, servant à porter les images sacrées et les ustensiles du culte quand les prêtres bouddhistes vont officier dans une localité où il n'existe pas de temple, ou bien lorsqu'ils vont en pèlerinage ou en mission.

Six belles statues de bronze du XVIII<sup>e</sup> siècle provenant d'un temple de Nara : 1° Le Sen-nïn (philosophe divinisé) TÉ-KAÏ transformé en vieux mendiant (la petite figure debout sur la banderole qui sort de la bouche du philosophe représente son âme); 2° KAN-SIN, général de l'empereur Kaô-ti (282 av. J.-C.), fouetté par un pêcheur; 3° et 4° ASINAGA, l'homme aux longues jambes, et TÉNAGA, l'homme aux longs bras; 5° YÔ-DJÔ (383 av. J.-C.) perçant de son épée le manteau de son ennemi, Tchiô-si, qu'il n'a pu assassiner ; 6° KOUAN-TI, le dieu chinois de la guerre, armé de sa hallebarde.

AMIDA, debout sur un lotus ; bois doré réparé récemment.

Statue de bronze provenant du temple de Kamakoura (XIII<sup>e</sup> siècle) : SÉITAKA, l'un des serviteurs de Foudô-mio-ô, vêtu d'un pagne de paille tressée.

Grand pot, *Tama-katsoura*, en grès d'Oudji, avec boîte de laque et enveloppe en soie brochée, fabriqué spécialement pour contenir le thé d'Oudji réservé à l'usage du Shô-goun. Celui-ci a appartenu au feu prince de Shô-gô-in.

Kakémono tissé en fibres de lotus : Les TRENTE-TROIS KOUAN-ON ou *Hassou mandara*.

Autre Kakémono représentant la MORT DU BOUDDHA ou son entrée dans le Nirvâna.

Groupe d'AMIDA, le Bouddha éternel, entre KOUAN-ON, personnification de la charité, et SÉÏSI, personnification de la piété. — Bois doré japonais, du XVIII<sup>e</sup> siècle.

Pagode, châsse à reliques, reposant sur une tortue à longue queue et à tête de chien ; bronze.

Duel de guerriers japonais armés de toutes pièces.

Armure aux armes des Vakizaka.

Grand vase à thé, *Tcha-tsou-bô*, en fer-blanc laqué décoré d'une image du dieu SOUSSANO NO MIKOTÔ, frère de la déesse du Soleil et premier souverain du Japon.

Selle du XVI<sup>e</sup> siècle, décorée d'incrustations de corne de rhinocéros et de nacre.

# GALERIE SUR COUR

## ART JAPONAIS

### Vitrine 21.

Gardes de sabres classées chronologiquement.
Lames de sabres fabriquées par des armuriers cé-
lèbres.
Éventails de guerre.
Portrait du lutteur Tani-Kadzé no Souké, proprié-
taire du grand sabre qui figure au rayon du bas; es-
tampe.
Paravent : *Jeunes femmes à la promenade.*

*Au dessus de
la vitrine.*

### Vitrine 22.

Laques. — Boîtes, plateaux, coiffures, etc.
Paravent : *Fleurs sur un rocher.*

*Au dessus de
la vitrine.*

### Vitrine 23.

Laques. — Boîtes, plateaux, portoirs, etc.

## *Vitrine 24.*

Collection de portraits de prêtres et autres personnages en bois sculpté et peint.

KÔ-BÔ DAÏ-SHI
Fondateur de la secte Sin-gon.

## *Vitrine 25.*

Laques. — Boîtes et coffrets très anciens.

## *Vitrine* 26.

Laques, pour la plupart imitant le métal.

Portrait
Bois sculpté.

## *Vitrine* 27.

Collection d'*Iuros* ou boîtes à médecine.

## *Vitrine* 28.

Collection de *Netskés* et de peignes.

## *Vitrine* 29.

Collection de masques japonais.

u milieu de<br>la galerie.

Grande Chimère en bronze, du temple shintôïste de Taimasan (province d'Iwami). Fabriquée par Kawakitchi à Osaka en 1844.

Portrait de Zoui-Riouzan-nan Zendjô, prêtre de la secte Ten daï; bois sculpté.

Table en laque noire, incrustée de nacre, supportant un *Shibatchi* de faïence en forme de bœuf.

Grand tambour en vieux cloisonné japonais.

Portrait d'un prêtre de la secte Zen-siou; bois.

*Coffre à trésor*, ou malle du Shô-goun Yéyoshi (1838-1853), en laque brune décorée des armoiries des 269 grands *Daïmiôs*.

Deux fusils à mèche aux armes des Shô-gouns Tokou-gava.

BLASON DE TOKOU-GAVA

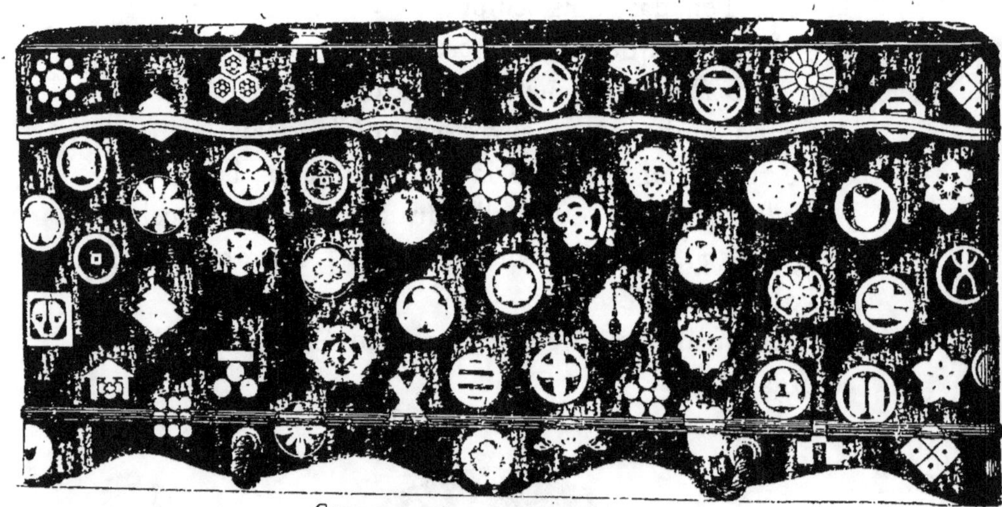

COFFRE A TRÉSOR DU SHÔGOUN YÉYOSHI

Prêtre de la secte Zen-siou.

Prêtre de la secte Tén-daï
Statue de bois peint.

Dans une vitrine : Deux portraits de prêtres de la secte Zen-siou, et portrait d'un prêtre de la secte Tendaï. Bois.

KAKOU, SHÎN-NI
Prêtre de la secte Djôdô.

La religieuse TCHIOU-DJO-HÔNI; bois.
Portrait du héros YOSHI-TSOUNÉ à l'âge de seize ans.

Gosanzé Mio-hô.

17.

*...tour de la galerie.*

Portrait du prince SHÔTOKOU DAÏ-SHI, propagateur du Bouddhisme.

GOUNDARI MIO-HÔ, armé du *gokô* et de la sonnette sacrée, les pieds reposant sur des lotus ; bois.

GOSANZÉ MIO-HÔ, foulant sous ses pieds *Daï-dizaiten* et sa femme *Ou-Mako* ; bois.

Portrait du prêtre KAKOU-SHÏN-NI, de la secte Djôdô ; bois.

Portrait de DJI-ON DAÏ-SHI, prêtre de la secte Djô-dô ; bois.

Kakémono très ancien, peut-être du XII° siècle, représentant un prêtre de la secte Ten-daï.

Portrait de KÔ-BÔ DAÏ-SHI, fondateur de la secte Sïn-gon ; bois.

BOUTSOU-ZAN, prêtre de la secte Zen-siou ; bois.

Portrait d'un prêtre inconnu ; bois.

Le PARADIS D'AMIDA, Kakémono très ancien.

Fine peinture sur fond or représentant la réception d'une ambassade coréenne à la cour du Shô-goun.

Deux grands paravents du XVIII° siècle représentant les HUIT SEN-NÏNS (Pâ-chéns).

Paravent du XVI° siècle représentant l'arrivée d'un navire portugais au Japon. L'amiral est reçu par des Jésuites. Celui qui figure dans le registre supérieur est probablement saint François-Xavier.

Deux *Coffres à trésor* en laque noire décorés d'armoiries en or.

Très beau paravent sur fond or : *Cerisier en fleurs.*

Six très fines peintures sur fond or : Danses japonaises.

# SECOND ÉTAGE

Pavillon de Taïkô à Kiotô.                                    *Dans l'esc*

Prêtres bouddhistes de Ceylan, vêtus de robes jaunes drapées à la façon des toges romaines.

Chapelle dédiée a Inari sur la route de Nikkô.

Matsouri d'Inari à Kiotô.

Pont sacré et pont banal de Nikkô.

Adoration de la photographie du Mikadô, le 7 novembre anniversaire de sa naissance. — *Peintures de Félix Régamey*.

Cloches annamites.


## GALERIE CIRCULAIRE

*Peintures de Félix Régamey :*

Secte communiste d'Oneïda.

Baptême d'Indiens Chochones par les Mormons.

Baptême de nègres à Philadelphie.

Secte communiste des Shakers.

Préparatifs d'enterrement a Singapour.

Missionnaires japonais en Chine.

RÉCEPTION DE LA MISSION FRANÇAISE dans le temple de Hong-ouan-dji, à Kiotô, Japon.

VÊPRES BOUDDHIQUES dans le temple de Nikkô.

PRÉDICATION ET OFFRANDES dans le temple du dieu Tén-man-gou, à Kiotô, Japon (*Shintôisme*).

TEMPLE DE KOUAN-ON entouré de pruniers roses, à Kiômidzou, faubourg de Kiotô (*Bouddhisme*).

TONSURE DE SÉMINARISTES dans le temple de Hong-ouan-dji, à Kiotô (*Bouddhisme*).

ENTRÉE DU TEMPLE DE KOUAN-ON à Kiômidzou (*Bouddhisme*).

BOUTIQUE DE TIR A L'ARC dans les jardins sacrés du temple d'Assaksa, à Tôkiô, Japon.

JARDINS SACRÉS D'ASSAKSA, à Tôkiô, Japon. Entrée du temple bouddhiste.

JARDINS SACRÉS D'ASSAKSA, à Tôkiô. Entrée du Palais du grand-prêtre bouddhiste.

RÉFECTOIRE DE BONZES à Canton, Chine (*Bouddhisme*).

Le CHEVAL DU DIEU DE LA CITÉ, à Canton, Chine (*Taôisme*).

SACRIFICE A L'ESPRIT DE LA TERRE, à Hong-Kong, Chine (*Taôisme*).

Le BOUDDHA MALADE, à Canton, Chine. C'est un Bouddha couché (une des attitudes du Bouddha : couché, assis, debout). La foi populaire lui a offert des rideaux, des couvertures, des bonnets de nuit, et en fait un Bouddha malade, chargé naturellement de guérir les autres malades (*Bouddhisme*).

TOMBEAU D'UN ANCIEN GÉNÉRAL, à Canton, Chine (*Rite confucéen*).

# GALERIE D'IÉNA

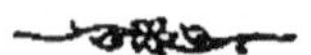

## ART JAPONAIS

Dans cette galerie est exposée une collection de peintures, dessins, estampes et croquis d'études des principaux artistes du Japon. A droite d<br>la porte.

Peintures de l'école dite *Tosa*, qui était patronnée A gauche. par la cour du Mikadô.

Peintures de l'école dite *Kano*, inspirée des peintres chinois et patronnée par les Shô-gouns.

École populaire.

Primitifs de l'estampe.

Série de peintures, d'estampes et de croquis de divers artistes du Japon, du XVIe au XIXe siècle. — Des étiquettes placées sur chaque pièce indiquent le nom et l'époque de son auteur, ainsi que l'école à laquelle il appartenait.

Les vitrines plates et les meubles à volets contiennent surtout des croquis.

## PREMIÈRE SALLE

### *Vitrines* 1 *et* 2.

*Peintures* et croquis.

### *Vitrine* 3.

*Makimonos* ou livres roulés.

### *Vitrine* 4.

*Kékémonos* anciens d'artistes divers.

### *Vitrine* 5.

Estampes d'Outamaro.

---

## DEUXIÈME SALLE

### *Vitrines* 6 *et* 7.

*Kakémonos* d'artistes divers.

### *Vitrines* 8 *et* 9.

Livres illustrés.

## *Vitrine* 10.

Peintures et estampes d'Hokousaï.

## *Vitrine* 11.

Estampes de Toyokouni.
Une vitrine plate et un meuble à volet renferment *Au milie*
une collection de *Sourimonos* ou estampes gaufrées. *la sall*

---

## TROISIÈME SALLE

## *Vitrine* 12.

Estampes de Toyokouni et de ses élèves, Kouni-
sada et Sounteï, imitant les primitifs verts.

## *Vitrine* 13.

Estampes de Hiroshigué.

## *Vitrine* 14.

Livres illustrés et caricatures.

## *Vitrine* 15.

Caricatures par des artistes divers.

## Vitrines 16 et 17.

Peintures, estampes, croquis et illustrations de Kiosaï.

## Meuble à volet

*milieu de
salle.*
Peintures et croquis de Kiosaï.

# QUATRIÈME SALLE

## GRÈCE. — ITALIE. — GAULE

*milieu de
la salle.*
APOLLON, marbre italo-grec.

*Autour.*
Urnes funéraires romaines.

## Vitrine 1.

Batterie de cuisine et ustensiles de ménage provenant de la région lyonnaise.

## Vitrine 2.

Lécites. Terres cuites grecques. Peintures de Pompéi et d'Herculanum.

## Vitrine 3.

Vases grecs et étrusques.

## *Vitrines 4, 5, 6.*

Terres cuites de Tanagra, de Cyrénaïque et de la Grande Grèce.

## *Vitrine 12.*

Pierres gravées. Bijoux gallo-romains.

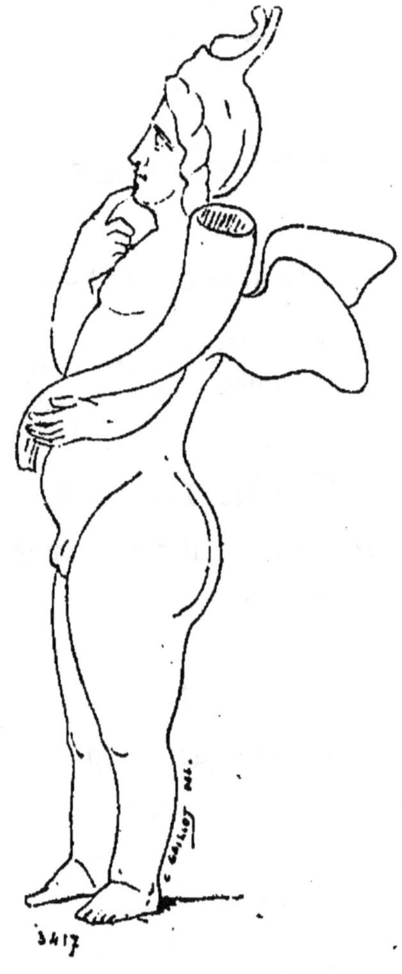

# GALERIE SUR COUR

## PREMIÉRE SALLE

*Au milieu:*    Statues romaines en marbre.

## *Vitrine 7.*

Bronzes romains. — Divinités romaines et gallo-
romaines.

## *Vitrine 8.*

Poterie noire étrusque.

## *Vitrine 9.*

Terres cuites de Cyrénaïque.

## *Vitrine 10.*

Grèce archaïque. Chypre. Carthage. Casque de
Marathon et casque étrusque.

## *Vitrine 11.*

Terres cuites de Vichy et de Toulon-sur-Arroux.

## DEUXIÈME SALLE

Monuments hittites de la Cappadoce (moulages).

### *Vitrines* 13, 14, 15, 16, 17.

Antiquités de Cappadoce (Mission Ernest Chantre).

### *Vitrines* 18, 19, 20, 21, 22.

Art musulman de l'Asie centrale.

## TROISIÈME ET QUATRIÈME SALLES

### *Vitrine* 23.

Instruments de musique japonais

### *Vitrine* 24.

Armes japonaises anciennes.

### *Vitrines* 25, 26, 27, 28, 29.

Ethnographie de la Corée.
Catafalque et objets funéraires.
Modèle d'un tombeau coréen.
Autel funéraire.

## SALLE RONDE

Peintures et meubles coréens. — Scènes de la vie coréenne.

### *Vitrines 30 et 31.*

Chapeaux coréens.

### *Vitrines 32 et 33.*

Religion et objets funéraires.

OSIRIS
Bronze égyptien.

# GALERIE BOISSIÈRE

## ÉGYPTE ANCIENNE

---

### PREMIÈRE SALLE

### MOBILIER FUNÉRAIRE

Momie dans un cercueil à deux couvercles, finement peint sur fond jaune, de la XXI<sup>e</sup> dynastie.

Momie de petite fille dans une caisse à fond jaune de la XXI<sup>e</sup> dynastie.

Fragments divers de momies. — Bandelettes funéraires.

Enveloppe de momie en carton peint.

## *Vitrine 3.*

Case A : Bijoux en faïence. Colliers.
  — B : Objets divers trouvés dans les tombeaux.
  — C : ⎫
  — D : ⎭ Amulettes.

— E : }
— F : } Scarabées, emblèmes de la vie de l'âme.
— G : Objets de toilette. — Miroirs. — Égides ou agrafes. — Vases à parfums. — Boîtes à fard, etc.
— H : Bijoux en or et en pierres dures.
Statue en granit noir : Personnage accroupi.

*Au milieu de la vitrine.*

## *Vitrine* 4.

### VASES CANOPES

Ces vases servaient à renfermer les viscères des momies. Ils sont toujours au nombre de quatre et placés aux quatre coins du sarcophage. Leur couvercle a la forme de la tête des quatre génies auxquels sont confiés les viscères et qui ont charge de les restituer au corps au moment de la résurrection : APi, à la tête de singe cynocéphale ; AMSET, à tête d'homme ; KEBHSENNOUF, à tête d'épervier, et TIAUMAUTEF, à tête de chacal.

## *Vitrine* 5.

### OBJETS FUNÉRAIRES

Statuettes de bois. — Chiens, chats, oiseaux en bois sculpté. — Momies d'animaux. — Stèles peintes. — Coffrets à papyrus.

Caisses de momies. Le cercueil en bois naturel est *Autour de la s...* attribué à la XII° dynastie.

Statue en pierre calcaire : Personnage à genoux tenant un *naos* à l'effigie d'Osiris.

Douze grands tableaux destinés à faire connaître, d'après les monuments contemporains, l'état de la civilisation égyptienne il y a environ six mille ans (IVᵉ et Vᵉ dynasties). Copies de peintures décoratives des tombeaux de *Ti-Phtah-hotep* et *Khou hotep-her* à Saqqarah, exécutées sous la surveillance de Mariette-Bey.

*Premier tableau*. — TRAVAUX DE FERMES. Scribes inscrivant les comptes de dépenses et recettes. — Engraissage des volailles. — Oies, canards, tourterelles, demoiselles de Numidie.

*Deuxième tableau*. — JEUX, DANSES ET MUSIQUE. Orchestre et danseuses. — Joûtes sur l'eau. — Montreurs de bêtes. — Saltimbanques, bateleurs, faiseurs de tours.

*Troisième tableau*. — PÊCHE ET CHASSE. Chasse au filet. — Pêche à la nasse. — Chasse aux antilopes et aux animaux féroces

*Quatrième tableau*. — CHASSE. Chasse à l'hippopotame. — Chasse au marais.

*Cinquième tableau*. — MENUISIERS ET CHARPENTIERS. Construction de barques. — Fabrication de planches, de lits et de lances.

*Sixième tableau*. — SCÈNES DE LA VIE DES CHAMPS. Labourage. — Récolte du blé. — Confection des meules. — Chargement de la récolte sur les ânes. — Dépiquage du blé. — Récolte de roseaux de papyrus.

*Septième tableau* — SCULPTEURS. Préparation et transport des statues.

*Huitième tableau*. — NAVIGATION. Modèles de barques et de bateaux. — Transports de voyageurs, de denrées et d'une momie.

*Neuvième tableau*. — TOMBEAUX, PRÉPARATION ET

PORTEURS D'OFFRANDES. Abatage et dépeçage des victimes. — Offrandes apportées par quatre femmes personnifiant les fermes du mort. — Préparation des offrandes sur des tables.

*Dixième tableau*. — BASSE-COUR. Ti, le défunt, et son fils voient défiler devant leurs yeux les animaux qui sont la richesse de la basse-cour.

*Onzième tableau*. — SCÈNES DIVERSES. Scribes et orgerons. — Bastonnade. — Repas champêtre. — Moisson — Fabrication du verre. — Préparation des viandes. — Bijoutiers. — Vendeurs et acheteurs.

*Douzième tableau*. — SCÈNES DIVERSES. Boutiques où l'on vend de la volaille, de la viande de boucherie, des huiles, des instruments. — Cuisiniers. — Fabrication du pain. — Préparation du poisson — Festin. — Vendange et pressage du raisin.

Belle statue en porphyre noir : OSIRIS, dieu des morts, le corps entouré de bandelettes comme une momie, tenant dans ses mains le fouet et le crochet. *Entre les colonnes.*

# DEUXIÈME SALLE

## DIVINITÉS

Statue en marbre blanc : *Diane d'Éphèse*, avec de nombreuses mamelles, couronnée d'une tour, et tenant sur ses deux bras deux singes et deux colombes. Sur la gaine qui lui tient lieu de jambes, se voient les figures de divers animaux, parmi lesquels un *talou*, un *A l'entrée de salle.*

*pangolin* et une *sarrigue*. Ces animaux inconnus de l'ancien monde témoignent que cette statue est une imitation assez récente, et probablement du XVII<sup>e</sup> ou du XVIII<sup>e</sup> siècle.

## *Vitrine 6.*

Satuettes de bronze (quelques-unes fort belles) représentant les divinités principales de l'Égypte groupées en triades. 1º *Triade de Memphis* : PHTAH, soleil créateur, à corps de momie, la tête nue et tenant un bâton ; SEKHET, déesse a tête de lionne ; IM-HOTEP, leur fils. — 2º *Triade d'Abydos* : OSIRIS, soleil mort et dieu des morts, à corps de momie, avec la coiffure de la haute et basse Égypte, tenant le crochet et le fouet ; ISIS ou HATHOR, déesse de la nature, la tête surmontée d'un disque entre deux cornes de vache, tenant HORUS sur ses genoux ; HORUS, leur fils, soleil levant, dieu des hommes pieux, sous les traits d'un enfant coiffé du *pschent*, avec une tresse de cheveux à droite et tenant un doigt sur ses lèvres. 3º *Triade de Thèbes* : AMMON, le soleil vivant, coiffé de plumes d'autruche ; MAUT. déesse de la maternité, coiffée du *pschent* ; CHONS, leur fils, personnification du soleil renaissant, coiffé d'un disque solaire.

Autour du gradin de ces divinités : statuettes de bronze, de bois et de faïence bleue représentant des divinités inférieures : THOT, à tête d'épervier, dieu de la science, dieu pondérateur, secrétaire d'Osiris comme juge des morts ; THOT, dieu de la lune, coiffé du disque et du croissant ; ANUBIS, à tête de chacal, dieu conducteur des âmes ; PHTAH-EMBRYON, personnification du soleil renaissant sous la forme d'un fœtus

Isis allaitant Horus
Bronze égyptien.

(à remarquer une jolie statuette d'argent de ce dieu);
BAST, déesse à tête de chatte ; NEIT, mère des dieux,
coiffée de la couronne du Nord (statuette de bois) ;
MA, déesse de la justice et de la vérité, coiffée d'une
plume d'autruche ; NEFTHIS, à ailes de chauve-souris.
Petites figurines amulettes, en faïence bleue, de NOUM,
à tête de bélier, ANUBIS, THOT, CHONS LUNAIRE BÈS,
au corps difforme, THOUÉRIS, au corps d'hippopotame,
CHOU, dieu de l'air, etc.

## *Vitrine 7.*

*yon du bas.*    Objets de culte : Cuillères en bronze, vase à libations. — Stèle d'APIS. — Faucille en fer, à manche
de bois de sycomore provenant de Déir-el-Bahari. —
*Méri* ou pioche égyptienne. — Ornements de sceptres
ou de bâtons de prêtres.

*le gradin.*    Groupe en pierre peinte : Famille de la IVᵉ dynastie.

*re ce gradin.*    Très beau papyrus funéraire au nom de la *Dame
Nési Khonsou,* présidente des danseuses d'Ammon,
provenant de Déir-el-Bahari.

## *Vitrine 8.*

*yon du bas.*    Stèles d'ANUBIS. — Stèles d'HORUS sur les croco-
diles.

Statuette de bronze : Le dieu NIL, représenté avec
des mamelles pendantes, une ceinture de feuilles de
papyrus et portant sur une table à offrandes un pain
et deux poissons.

*2ᵉ rayon.*    Divinités diverses parmi lesquelles on remarquera
une magnifique statuette de bronze réprésentant Isis

debout, allaitant son fils Horus, et une autre statuette
en pierre de touche figurant Isis tenant Osiris sur ses
genoux.

## *Vitrine* 9.

Boîtes en bois peint, coffrets à papyrus. — Chevets *Rayon du ba*
de momies. — Cônes funéraires. — Hypocéphale.
— Fragments de stèles. — Statuette de bois de la
déesse SEKHET, à tête de lionne.

Figurines de bronze : Animaux sacrés. APIS sous *2e rayon.*
la forme du taureau. — Éperviers. — Chats. — Uræus.

Statuettes d'OSIRIS en bronze. *3e rayon.*

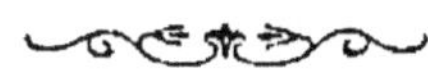

## TROISIÈME SALLE

## *Vitrine* 10.

Stèles unéraires. — Couvercle de cercueil. *Rayon du ba*
Tête de prêtre isiaque en basalte noir. — Figurines *2o rayon.*
en bois, de la V^e dynastie.

Figurines en faïence : *Ouashbitis*, « répondants ». *3e rayon.*
On plaçait ces figurines dans le tombeau, en guise de
serviteurs, pour travailler à la place du mort dans les
*Champs d'Ialou.*

## *Vitrine* 11.

Stèles funéraires et *Ouashbitis.*

## *Vitrine* 12

### FOUILLES D'ANTINOÉ

Résultat des fouilles pratiquées dans quatre nécropoles des époques égyptienne, romaine, byzantine et copte. Nécropole A : Masque de momie. Ouashbitis. Vases en albâtre. Figurines de terre cuite. — Nécropole B : Terres cuites, faïences, verreries; chaussures de cuir doublées d'étoffe; Étoffes de laine et autres. — Nécropole C : Étoffes. Chaussures en cuir doré. Verreries. Terres cuites. — Nécropole D : Terres cuites coptes.

Stèles phéniciennes. Objets provenant de la mission de M. Lortet à Sidon, et de celle de M. de Morgan en Asie Centrale.

*Tour de la salle.* Stèles funéraires. Partie inférieure d'une statue de granit noir portant deux cartouches au nom de Ramsès II.

## QUATRIÈME SALLE

*Entre les colonnes.* Meuble à volet contenant des morceaux d'étoffes de soie et de laine trouvées à Antinoé. — Photographies d'Antinoé.

## *Vitrines plates*

### FOUILLES D'ANTINOÉ

*A gauche.* Fragments de statues et statuettes de marbre. —

Figurines et lampes en terre cuite. — Fragments de verreries et de terres cuites.

Costume, bijoux et lyre d'une musicienne romaine; *A droite.* statuette et autres objets trouvés dans son tombeau.


## *Vitrine* 13.

### OBJETS ROYAUX

Stèle funéraire, en pierre noire, au nom d'un Pto- *Rayon du* lémée jusqu'ici inconnu, provenant de Naucratis.

Stèle funéraire de pierre calcaire au cartouche du roi Râ-khéper-ka (XIIe dynastie) (?).

Stèles portant des cartouches royaux.

Bâton de main en bois d'acacia avec l'inscription : 2° *rayon.* « A la personne très favorisée du Seigneur des deux mondes, l'aimé de son maître chaque jour, se conformant à la vérité, excellent par ses mérites exceptionnels, dilaté de cœur, aimé des hommes, le porte-flabellum du Seigneur des deux mondes, Pésar vivant » (XVIIIe dynastie),

*Ouashbitis* et objets divers marqués de cartouches royaux.

Photographies de la momie de Ramsès II, ou Sésostris.


## *Vitrine* 14 *A.*

### DIVINITÉS ALEXANDRINES

Statuettes, la plus grande partie en terre cuite, provenant d'Alexandrie et du Fayoum, représentant Bès, Bacchus, Jupiter-Ammon, etc.

JUPITER-AMMON ET HORUS
Terre cuite alexandrine.

# *Vitrine* 14 *B*.

Figurines de terre cuite représentant Isis-Déméter, *Partie gauche.*
Isis-Vénus, Isis-Astarté, Isis-Cérès.

Statuettes de terre cuite et de bronze représentant *Partie centrale*

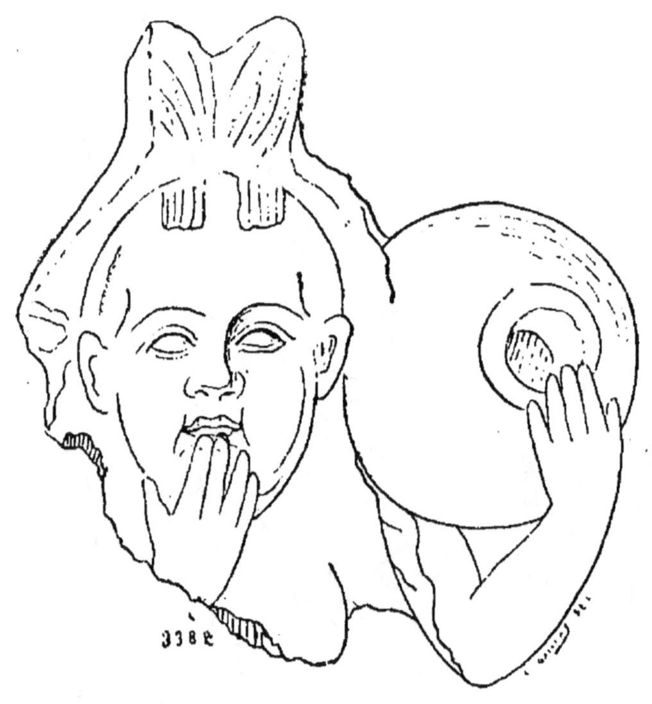

*Partie droite.*

Dieu de la nourriture.

le dieu Horus sous divers aspects. — On peut y
suivre les transformations successives que subit le dieu
égyptien, devenant l'Harpocrate des Grecs, prenant
ensuite la *Bulla* et la *Robe prétexte*, perdant sa coiffure
caractéristique et sa tresse de cheveux qui devient une

HORUS

Vêtu de la robe prétexte.

Bronze alexandrin.

corne d'abondance, prenant les ailes de Cupidon, se confondant avec un autre dieu coiffé de bourgeons, devenant un dieu de la nourriture porteur d'un vase de grains où il puise à pleines mains et enfin un dieu de la moisson représenté au milieu d'une gerbe de blé.

Statuettes représentant l'Isis romaine et diverses autres divinités égyptiennes, trouvées en Italie, à Carthage, à Constantine, en Autriche, etc.


## *Vitrine* 15.

Divinités égyptiennes et *Ouashbitis* trouvés en France et principalement dans la vallée du Rhône, à Lyon, Nîmes, Arles, Avignon, Vienne, Bourg, Trévoux, etc.

Sistre de bronze, disque et épis en cuivre doré trouvés à Nîmes dans la tombe d'un prêtre d'Isis. — Urne funéraire en verre, contenant un *ouashbiti* et un lacrymatoire, trouvée à Vaison.


## *Vitrine* 16.

Divinités Isiaques romaines trouvées en Égypte, principalement à Alexandrie et au Fayoum.

Buste d'Isis romaine trouvé à Antinoé.                    *A droite.*


## *Vitrine* 17.

Isis romaine, en marbre blanc, tenant le sistre et le vase à libations.                    *Au milieu de la vitrine.*

Figurines et objets divers isiaques. — Pierres gravées gnostiques. — Étiquettes de momies. — Ouash-                    *Dans les cases*

Terre cuite trouvée à Alexandrie.

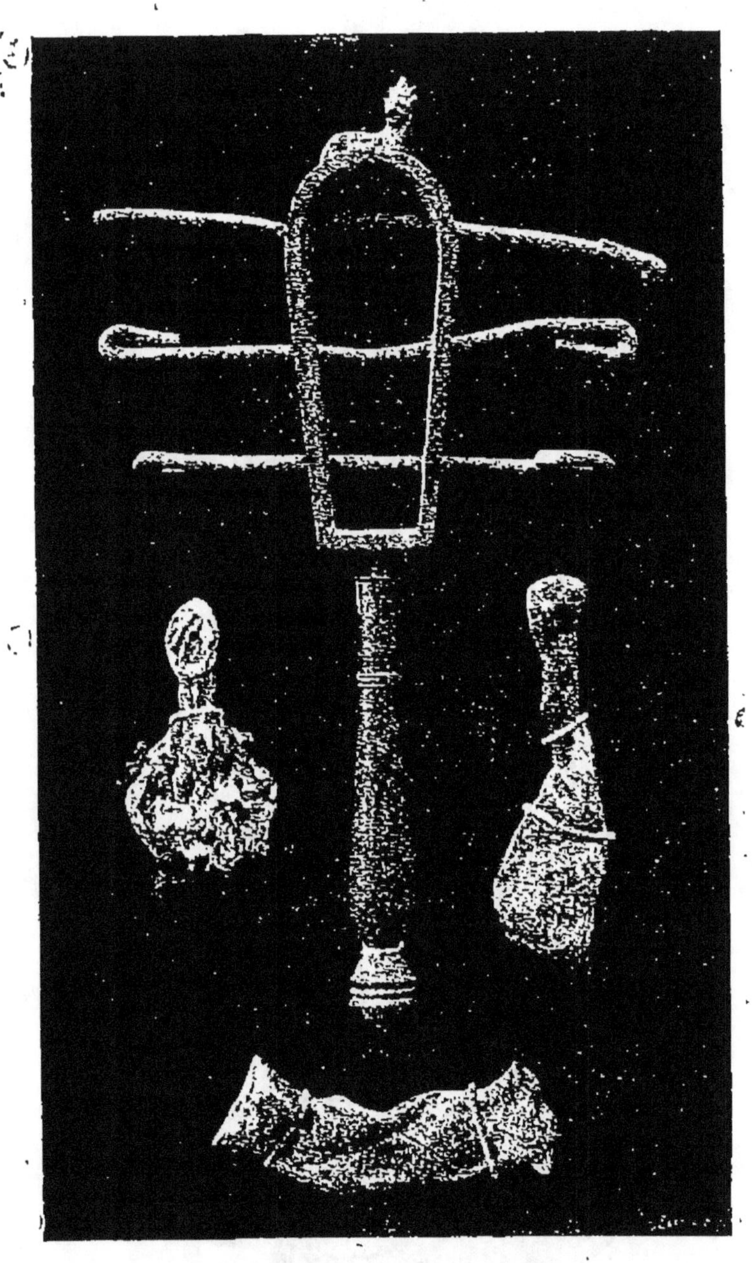

SISTRE DU PRÊTRE ISIAQUE DE NÎMES.

Ornements du prêtre Isiaque de Nîmes.

*bitis* royaux. — *Ouashbitis* provenant de Déir-el-Ba-hari.

## *Vitrine* 18.

Stèles funéraires coptes. Lampes. Moule à hostie. Petites coupes en bronze.

Stèles chrétiennes.

Deux statues décapitées de prêtres d'Isis. Statue de granit noir : Personnage accroupi. *Autour de la salle.*

Buste en granit brun, de la reine SHAP-EN-HAP, femme de Psammétik I<sup>er</sup>.

Réduction de l'*Isium* de Pompéi.

Statue (moulage) d'un prêtre isiaque, trouvée à Lyon, quartier de Saint-Just.

Copie de la statue de Ramké de la VI<sup>e</sup> dynastie (Musée de Boulaq), plus connue sous le nom de Cheikh-el-Beled.

Copies des peintures du temple d'Isis de Pompéi, actuellement au Musée de Naples. — *A remarquer :* Deux scènes (à droite) qui reproduisent fidèlement une cérémonie isiaque, telle que l'a décrite Apulée.

ISIS MÈRE

# TABLE DES MATIÈRES

—


|                                              | Pages. |
| -------------------------------------------- | ------ |
| Notice sur le Musée Guimet.                   | 7      |

## Aperçu sommaire des religions représentées au Musée Guimet

| | |
| -------------------------------------------- | --- |
| Religions de l'Inde                           | 14  |
| Religions du Tibet                            | 21  |
| Religions de la Chine.                        | 25  |
| Religions de l'Indo-Chine                     | 30  |
| Religions du Japon                            | 31  |
| Religion de l'Égypte ancienne                 | 33  |
| Religions Grecque et Romaine.                 | 36  |

## Rez-de-chaussée

| | |
| -------------------------------------------- | --- |
| Rotonde d'entrée                              | 41  |
| Céramique chinoise                            | 43  |
| Céramique japonaise                           | 55  |

Pages.

Porte du Stûpa de Santchi . . . . . .   74
Monuments du Siam et du Cambodge . . .   75


## PREMIER ÉTAGE

Vestibule. . . . . . . . . . .   79
Bibliothèque . . . . . . . . . .   79
Religion des Parsis . . . . . . . .   80
Religions de l'Inde : Brâhmanisme . . . .   82
     —     Djainisme . . . . .   122
     —     Bouddhisme. . . . .   123
Religions de Java et de Bâli . . . . . .   125
Religions du Tibet : Lamaïsme. . . . .   128
Religions de la Chine : Bouddhisme . . .   151
     —     Taôisme . . . .   163
     —     Confucianisme . .   180
Salle de Jade : Art chinois . . . . .   183
Religions de l'Indo-Chine : Cambodge . .   191
     —     Laos . . . .   194
     —     Birmanie . . .   194
     —     Siam. . . .   196
     —     Annam et Tonkin.   197
Religions de la Sibérie . . . . . .   200
Culte populaire de la Chine méridionale. . .   201
Religions du Japon . . . . . . . .   209
Schïntô . . . . . . . . . .   210
Riobou-Shïntô . . . . . . . .   212
Bouddhisme. . . . . . . . . .   214
Boutsous ou Bouddhas . . . . . .   215
Kouan-on Bosatsou . . . . . . .   222
Bosatsous ou Bodhisattvas . . . . .   225
Miô-Hôs. — Tens. — Djïns . . . .   228

Pages.

Secte Zen-Siou . . . . . . . . . . 234
— Tendaï . . . . . . . . . . 238
Le Mandara. . . . . . . . . . 241
Secte Sïn-gon . . . . . . . . . 252
— Hokké siou . . . . . . . . 257
— Sïn-siou . . . . . . . . . 262
— Djôdô. . . . . . . . . 266
Légendes japonaises . . . . . . . 272
— chinoises au Japon . . . . . 275
— historiques. . . . . . . 277
Dieux du bonheur. . . . . . . . 278
Art japonais. . . . . . . . . . 281


## SECOND ÉTAGE

Peintures de Félix Régamey . . . . . 299
Art japonais : Peintures et estampes . . . . 301
Religions de la Grèce, de l'Italie et de la Gaule. 304
Monuments de la Cappadoce . . . . . 307
Art musulman de l'Asie centrale . . . . 307
Ethnographie et religion de la Corée. . . . 307
Religion de l'Égypte ancienne . . . . . 310
Culte Isiaque . . . . . . . . . 321


Imp. Camis et Cⁱᵉ, Paris. — Section orientale A. Burdin, Angers.

龍

Imp. Camis et Cie, Paris. — Section orientale A. Burdin, Angers.